Il tao della decrescita

Educare a equilibrio e libertà per riprenderci il futuro

Serge Latouche con Simone Lanza
Translation in Korean by **Sungheon Ahn**

탈성장 / 민중의 자발성과 문화의 다양성에 기초한 경제 철학

미래를 위한 탈성장 교육

균형과 자유에 기초한 경제 철학

세르주 라투슈 / 시모네 란차 지음

안성헌 옮김

Il tao della decrescita
by Serge Latouche, Simone Lanza

미래를 위한 탈성장 교육

지은이	세르주 라투슈 / 시모네 란차
역자	안성헌
초판발행	2024년 4월 18일
펴낸이	배용하
책임편집	배용하
편집부	윤찬란 최지우 박민서
등록	제2021-000004호
펴낸곳	도서출판 비공
	https://bigong.org | 페이스북:평화책마을비공
등록한곳	충남 논산시 매죽헌로 1176번길 8-54
편집부	전화 041-742-1424 전송 0303-0959-1424
분류	경제 | 탈성장 | 교육
ISBN	979-11-93272-09-1 03300

값 12,000원

성장을 위한 성장만 추구하는 사회는
부조리한 사회이며 결국 파멸할 수밖에 없다.

차 / 례

내일 세상의 종말이 오더라도

오늘 사과나무 한 그루를 심겠다

– 마르틴 루터

서문

이 책의 1부와 2부는 각각 지난 2014년과 2016년에 세르주 라투슈와 나눈 두 차례의 대담을 담았다. 발도파 교회[1]에 속한 '발 펠리체' Val Pellice에서 활동하는 저항파 라디오 방송 '라디오 벡위트 에반젤리카' Radio Beckwith Evangelica의 기획 프로그램인 "400발" 400 colpi에서 본 대담을 주관했다.

3부는 코로나 19 대유행 기간인 2020년 3월에서 2021년 6월 사이에 진행했던 원격 화상 대화에 기초한다.

최종 원고의 일부는 이탈리아어로, 일부는 프랑스어로 작성됐다. 클라우디아 로마뇰리의 도움으로 두 문서를 번역하고 수

---

1) [역주] 종교개혁 운동의 선구자로 평가 받는 페트루스 발두스(Petrus Valdus)를 따르는 후예들이다. 12세기 리옹 부근의 거상(巨商) 페트루스 발두스는 예수의 가르침에 감화돼 회심했고, 부자의 자리를 떠나 가난하고 소박한 삶을 추구하는 개혁 운동을 폈다. 소위 "리옹의 빈자들"이라는 운동을 이끌었던 발두스는 가톨릭교회의 탄압을 받고, 이후 이 분파에 속한 신자들은 유럽 도처에 흩어졌다. 비록 소수파이지만, 이 운동의 후예들은 "발도파 교회"의 이름으로 여전히 선조들의 명맥을 유지하는 중이다. 이탈리아도 북부 알프스 지역을 중심으로 발도파 교회가 여전히 활동 중이다.

정할 수 있었다. 가급적 생생한 언어를 살리고 대화라는 특징을 유지하려 애썼지만, 필요한 곳에는 원본의 인용문을 확인해 첨가하기도 했다. 또 각 주제마다 각주를 추가했는데, 중요한 대목이라 할 수 있는 부분마다 각주를 달았다. 추가된 각주들을 통해 라투슈의 여러 저작에 대한 연구가 더욱 심화되기를 바라고 그의 사상을 새롭게 추적할 수 있을 계기가 마련되기를 바란다.

이 책은 세르주 라투슈가 여러 저작에서 이미 다뤘던 주제들을 되풀이[1부]하면서 그의 전반적인 사상에 접근하려 하고, 현 세계에서의 교육학 문제를 깊이 연구[2부]하려 하며, 현 시대의 구체적인 교육학 문제에 도전[3부]하려 한다. 또 이 책은 라투슈의 저작에 포함된 교육 사상을 재발견하고, 그 내용을 새롭게 조직하고 연결해 보려 한다. 하지만 거기서 멈추지 않을 것이다. 우리는 이 내용을 '탈성장' decrescita이라는 시대 징후에 맞춰, 새로운 세상을 지향하는 교육학의 과제와 어떻게 연결될 수 있는지를 명확하게 제시하려 한다. 우리는 일련의 작업을 일관성과 독창성을 담은 담론으로 종합하고 심화하려 했다.

시모네 란차

1부 · 탈성장 기획

시모네 란차이하 '란차' : 선생께서는 성장 반대론자를 자처하십니다. 따라서 "탈성장"decrescita이라는 구호와 "무성장"acrescita이라는 개념2의 차이에 관한 설명을 본 대화의 출발점으로 삼고자 합니다.

---

2) [역주] 용어에 대한 혼돈을 방지하기 위해, 사전 설명이 필요하다. 사실, "탈성장"이라는 국문 번역어는 이 운동의 이념을 완벽히 담아낸 용어가 아니다. 라틴계 언어와 문화권에서 생성된 이 용어를 다른 언어와 문화권에서 채택할 경우, 문자적 번역보다 문화의 맥락이나 사고방식 등을 고려하는 입체적인 해석이 선행돼야 한다. 덧붙여, 각 문화권과 언어에 닮은 부분이 없는지에 관한 면밀한 검토도 병행돼야 한다. 그 점에서 라투슈는 "탈성장"의 원어인 프랑스어 "데크루아상스"(décroissance)나 이탈리아어 "데크레시타"(decrescita)의 영어 번역어를 "디그로스"(degrowth)로 채택한 학자들을 비판했다. 역자의 생각에도, 영어 번역어 "디그로스"는 '민중의 자발성이나 문화의 다양성에 기초한 경제'라는 탈성장의 철학적 의미를 담지 못했다. 오히려 이 용어에는 '탈성장의 정책화'를 열망하는 관료주의의 냄새가 난다. 세르주 라투슈는 사람들의 의식에 잠재된 문제의 혁명적 전환, 즉 "사고방식과 정신구조"(mentality)의 전환을 이 운동의 핵심으로 여긴다. 따라서 성장을 종교처럼 믿는 맹신에서 탈출해야 한다는 의미로서의 "탈성장"에 1차 초점을 맞출 필요가 있다. 라투슈가 "탈성장"의 또 다른 이름으로 제시한 "무성장"(acrescita) 역시 "성장 종교의 무신론자(athée)"가 돼야 한다는 의지를 강조한 표현이다. 독자들은 "탈성장"과 "무성장"으로 번역된 용어의 이러한 저의(底意)를 감안하라.

세르주 라투슈^{이하 '라투슈'} : 사실, 지난 2001년까지 탈성장은 널리 쓰이던 용어가 아니었습니다. 저는 2001년부터 다른 구호에 맞서기 위해 동료들과 이구동성으로 '탈성장'을 외치기 시작했습니다. 저희가 '탈성장'으로 맞섰던 그 구호는 당시 보편적 합의를 이룸과 동시에 세계 곳곳에서 의심과 비판의 대상이 되기도 했던 구호였습니다. 바로 "지속 가능한 발전"sviluppo sostenibile, sustainable development입니다. 탈성장 운동가들은 '지속 가능한 발전'을 도마 위에 올렸습니다. 사실, 지속 가능한 발전이라는 말 자체가 모순입니다. 발전이 지속 가능하지 않으니까요. 지금 너무도 선명하게 드러나지 않았습니까? 현 세계는 소비 사회입니다. 지금 이 세계는 출구 없는 길에 들어섰어요. 소비 사회를 지지하는 토대는 '무한 성장'이거든요. 그런데 물리학, 생물학, 지리학적 시각으로 현실을 바라보면, 무한 성장과 소비 사회라는 현재의 노선은 지속될 수 없습니다. 관련 분야의 학자들은 이 노선을 지속하지 말라고 입을 모읍니다. 지구는 유한하고 그 한계가 명확하기 때문입니다. 따라서 탈성장이라는 구호의 배후에는 좋은 의미로 일종의 '도발 욕망'이 있습니다. 사람들에게 "탈성장"이라고 말하면, 받아쓰기 하듯이 성장을 좋은 것과 연결하고 탈성장을 바보 취급합니다. 성장하려는 의지나 좋은 모습으로 더욱 성장하고픈 의지는 자연스러운 현상이라면서 말이죠.

따라서 우리는 탈성장이라는 구호를 통해, 경제 성장의 실제 가능성을 고찰하고 충고를 건네는 쪽으로 사람들을 이끌려 했습니다. 결론부터 말하면, 사람들은 경제 성장을 생물학적 성장과 무관하게 여겼습니다. 생물학에서 유기체는 성장에 따라 양적, 질적 변화를 겪습니다. 다윈은 이를 "생물학적 진화", 즉 유기체의 질적 변화라 말했습니다. 그러나 경제학이 생물학은 아니죠. 경제학은 생물학적 유기체를 탐구하지 않습니다. 반면, 문명과 문명 그 너머의 것을 하나의 유기체로 보는 사상이 있습니다. 그 사례로 저는 잠바티스타 비코Giambattista Vico 3를 들겠습니다. 비코의 연구는 사회를 유기체로 간주합니다. 비코는 생물학자의 눈을 빌어 사회를 봤습니다. 다시 말해, 사회도 탄생, 성장, 발달, 사망의 과정을 거친다고 봤지요. 그러한 시각에 따르면, 사회를 구성하는 시민 역시 결국에는 죽어야 할 겁니다.

---

3) [역주] 17-18세기 이탈리아의 철학자다. 흔히 역사철학의 기초를 닦은 인물로 평가 받는다. 주요 저서로 『새로운 학문』(*La Scienza Nuova*)이 있다. 국내 번역된 다음 서적을 보라. 잠바티스타 비코, 『새로운 학문』, 조한욱 역, 아카넷, 2019.

하지만 경제학자들은 생물학자들과 다르게 생각합니다. 일단, 경제학자들은 죽음을 망각하고 성장이 무한할 수 있다고 생각합니다. 또 이들은 경제가 문명이라는 '유기체'의 한 부분에 불과하다는 사실을 잊었습니다. 뿐만 아니라, 사회도 열역학 법칙, 특히 열역학 제2법칙인 엔트로피 법칙을 따른다는 사실도 잊었습니다. 지구처럼 고립된 체계에서, 돌이키기 어려운 과정, 즉 '비가역적' 과정을 겪을 때, 엔트로피는 감소하지 않습니다. 열역학은 비가역적입니다. 원자재 소비와 관련된 일련의 경제적 과정 역시 마찬가지입니다. 루마니아와 미국의 경제학자이자 엔트로피 법칙을 경제에 적용한 니콜라스 게오르게스쿠 뢰겐 Nicolas Georgescu-Roegen 4이 이를 제대로 설명합니다. 그는 탈성장 논의의 기초에 해당하는 경제 이론을 처음으로 다진 인물입니다. 게오르게스쿠 뢰겐은 생명경제la bioeconomia를 경제의 새 패러다임으로 도입했습니다.

우리는 엔트로피 제2법칙에서 다음과 같은 내용을 배울 수 있습니다. 만약 자동차 기름에 불을 붙였다면, 우리는 같은 기름

---

4) [역주] 루마니아 출신의 20세기 수학자이며 생태경제학자다. 성장의 한계를 설정했고 엔트로피 이론을 경제학에 도입한 인물이다. 탈성장의 이론적 선구자 가운데 한 사람이기도 하다. 국내에 소개된 다음 책을 참고하라. 니콜라스 게오르게스쿠 뢰겐, 『엔트로피와 경제: 인간 활동에 대한 또 다른 시각』, 김학진, 유종일 역, 한울, 2017.

을 결코 사용할 수 없습니다. 낮은 엔트로피 에너지에서 높은 엔트로피 에너지로 이동했습니다. 바로 이것이 유한한 지구에서 무한한 성장이 가능하지 않은 이유입니다.

우리는 탈성장이라는 구호를 외쳤지만, 결단코 '탈성장을 위한 탈성장' decrescere per decrescere을 외치지 않았습니다. 탈성장은 맹목적인 반복 구호가 아닙니다. 우리는 성장으로 인해 파괴된 대기의 질과 수질을 높이려 하고 성장 사회로 인해 파괴되고 일회용 상품으로 전락해 버린 삶을 다지고 가꿔 참다운 삶을 보장하는 사회, 즉 "참살이"benessere 사회를 일구는 데 정성을 다하려 합니다. '탈성장을 위한 탈성장'은 터무니없는 말에 불과합니다.

란차: 그렇다면, "탈성장"은 분석 개념이라기보다 정치 구호라는 말씀이신가요?

라투슈: 물론입니다! 현재 우리는 소통의 시대에 살지요. 따라서 효과적인 소통 수단을 활용할 필요가 있습니다. '지속 가능한 발전'이라는 구호를 여기저기에 응용하곤 하는데, 사실

말도 안 되는 구호입니다. 대중 상대로 사기 치는 거예요. 하지만 대중을 속이는 데 이만한 구호도 없습니다. 우리는 이에 맞서 "탈성장"을 구호로 사용했습니다. 사람들에게서 '성장'이라는 고정 관념을 벗겨내는 일을 당면 과제로 삼았습니다. 일단 이 고정 관념에서 벗어나야 다음으로 넘어갈 수 있으니까요. 시급한 일이죠. 사람들은 진보를 믿습니다. 그리고 이 믿음을 통해 성장이라는 종교를 숭배합니다. '성장 종교'라는 사이비에서 속히 벗어나야 합니다. 탈성장은 대중을 현혹하는 이 사이비 경제 종교들에게 강력한 메시지를 던질 필요가 있었습니다.

더 자세히 말하면, 우리는 성장 종교를 믿지 않는 '무신론자'가 돼야 합니다. 경제 신화나 진보 신화 따위에 현혹되지 않는 '불신자'가 돼야 하고요. '무신론'ateismo이라는 표현을 사용하듯, 우리는 "무성장"acrescita이라는 용어를 사용해야 했습니다. 이 용어에 담긴 의미는 다음과 같습니다. 사람들은 특정 분야를 성장시켜야 한다고 이야기합니다. 하지만 그리되면, 그 분야와 관련 없는 다른 분야들이 성장할 수 없거나 사장死藏됩니다. 무성장은 바로 이 점에 대한 숙고가 필요하다는 주장을 담은 표현입니다. 성장을 위한 성장만 고집하는 사회는 말 그대로 '부조리한 사회' 입니다. 머지않아 부도날 사회라는 뜻이지요.

란차: 선생께서는 사고방식의 근본 변화 문제를 연구하셨습니다. 연구를 시작했을 무렵에 다른 비평가들과 한 목소리로 18세기에 시작된 "경제학의 발명"에 대해 이야기하셨지요. 탈성장은 20-21세기에 지성계의 최고봉에 오른 경제학의 독재를 거부합니다. 공동선 연구와 동 떨어진 단편 지식에 관한 학적 분석에서, 오늘날 경제학의 역할이 중세 체제에서 신학이 차지했던 역할에 비교될 수 있다고 보십니까? 오늘날 제한선 없이 질주하는 '무제한 문화' 의 기원을 경제학, 그것도 윤리와 정치를 잠식한 경제 탓이라 말할 수 있을까요?

라투슈: 어떤 면에서는 그렇습니다. 선생께서 방금 이야기한 사건은 17세기 말과 18세기 초에 일어났습니다. 특히, 애덤 스미스에 비해 덜 유명하지만 결코 그 중요성을 간과할 수 없는 한 인물을 봐야 합니다. 바로 '버나드 맨더빌' 입니다. 이 사람과 함께 윤리의 전환이 발생했다고 해도 과언이 아니지요.

『꿀벌의 우화』*The Fable of the Bees*, 1714라는 유명한 글의 저자인 맨더빌은 서구 세계의 모든 윤리 전통을 전복한 인물입니다. 그는 사심 없는 행동, 진정한 이타심, 정욕을 포기한 기독교의 신실한 자비 등이 산업과 상업을 황폐하게 만들 것이라 봤습니다. 고가 사치품이 붕괴하고 실업이 폭발하리라 예상했지요. 우리의 입장인 '탈성장'을 틀렸다고 말하는 반대자들의 사상적 원조가 바로 맨더빌입니다. 악덕惡德도 국부國富를 위해 필요하다고 주장했던 최초의 인물도 맨더빌입니다. 그는 개인의 악이 공공의 부를 만들 수 있다고 주장했습니다. 이러한 생각이 애덤 스미스 『국부론』의 기원입니다. 다시 말해, 맨더빌의 생각은 근대 경제사상의 기원, "보이지 않는 손"의 탄생지입니다. 이러한 맨더빌의 생각으로 말미암아 이익이 최고의 가치로 등극했습니다.[5]

　　뉴튼 물리학을 표본으로 삼아 정치경제학을 사회물리학으로 구성하면서, 우리가 '사회적인 것'이라 부르던 요소에게는 공식公式화와 수량화라는 이중 과정이 작동하게 됐습니다. 이 과정

---

5) 라투슈는 경제 사상사를 연구하고 가르쳤다. 이 주제에 관한 그의 여러 논문들을 엮은 책을 참고하라. Serge Latouche, *L'invenzione dell'economia. L'artificio culturale della naturalità del mercato*, Bologna, Arianna Editrice; Torino, Bollati Boringhieri, 2001(재판 2005), p. 143 ff.

을 가장 쉽게 볼 수 있는 분야가 바로 경제입니다. 또 경제뿐만 아니라 사회 분야 곳곳에서도 공식과 수치로 치환되는 현상을 볼 수 있습니다. 행복을 부에 환원시키고, 부를 효용성에 환원시키며, 효용성을 돈에 환원시키는 식으로요.6

행복 이데올로기는 중세 시대의 천복天福과 완전히 반대되는 이념입니다. 오로지 물질의 복에 초점을 맞추지요. 행복 이데올로기가 유럽에 부과되기 시작한 시기는 17-18세기입니다. 정치경제학의 탄생 시기와 일치하지요. 당시는 수공업 자본주의에서 열熱산업termoindustriale으로 산업 대전환이 일던 시기이기도 합니다. 공공의 행복 문제와 관련해, 당대에 주목해 볼 인물은 나폴리 학파를 주도한 안토니오 제노베지Antonio Genovesi7입

---

6) Serge Latouche, *La sfida di Minerva. Razionalit occidentale e ragione mediterranea,* Torino, Bollati Boringhieri, 2000, p. 70. 프랑스어 원서는 다음과 같다. Serge Latouche, *Le défi de Minerve. Rationalité occidentale et raison méditerranéenne,* Paris, La Découverte, 1999.

7) [역주] 안토니오 제노베지(Antonio Genovesi, 1712-1769)는 18세기 이탈리아의 철학자, 경제학자, 가톨릭 사제다. 상호성과 신뢰를 바탕으로 한 시장을 위한 전제 사항으로 시민성과 문명화를 제시하려 했다. 문화 지평과 상호성 원칙에서 밀려난 사회는 미래를 담보할 수 없으며, 행복에 대한 공동체 구성원들의 욕구에 부응할 수 없다. 그의 이러한 경제학을 '시민 경제학'이라 부른다. 제노베지는 나폴리 계몽주의의 주역이기도 하며, 형이상학과 논리학에 대한 글부터 경제, 정부의 역할, 정의에 대한 글까지 당대 이탈리아 사회와 밀접한 집필 활동을 폈다. 여담이지만, 훗날 장 자크 루소(Jean Jacques Rousseau)는 제노베지의 글인 『학술 서신: 무지한 사람이 배운 사람보다 더 행복한지에 대한 질문』(*Lettere accademiche sulla questione se gli ignoranti sono più felici del dotti,* 1764)에서 학문과 예술의 영향에 관한 연구의 영감을 얻기도 했다. 경제학에 대한 제노베

니다. 반면, 공공의 행복 문제와 관련된 애덤 스미스의 논문 제목은 그 자체로 중상주의의 목소리와 똑같습니다. 비록 당시에 자유주의의 상승이 불가항력 상태였기에 개인 복지에 상응하는 주장을 펴야 했던 분위기를 감안해야 하지만 말입니다. 여하튼, 재화와 용역의 수량이 행복을 측정하는 기준이 되어 버렸습니다. 현금으로 평가할 수 있을 소비 효용성이 기준이 된 셈이죠. 이러한 방식이 두 세기가 지나 '1인당 국민소득' GNP이라는 형태로 자리를 잡았습니다.

란차: '미덕'과 '참살이' 행복를 배우는 방법에서 맨더빌이나 스미스와 단절하셨군요. 그러면서 미덕에 대한 전통 개념도 도마 위에 올려놓으신 것 같습니다. 사실, 미덕에 대한 옛 관념은 산발적이었습니다. 우리가 쉽게 접할 수 있는 것 가운데 하나가 절제와 연계된 '한계' 개념의 중요성이지요. 고대인들에게 제한이나 절제에 해당 한계는 근본 미덕이었습니다. 선생께서는 종종 '실천적인 지知' *phronesis*와 '오만' *hybris*의 대립을 강조하셨습니다. 두 용어가 무엇을 의미하는지, 그리고 두 용어가

지의 저서로 『무역과 시민 경제에 관하여』(*Lezioni di commercio, o di economia civile*, 1757)가 있다.

왜 중요한지 말씀해 주실 수 있습니까? 나아가 두 용어를 통해 우리가 현실 세계의 어떤 점을 이해할 수 있을까요?

라투슈: 인간이 살아가는 모든 사회에는 늘 과잉의 문제가 뒤따릅니다. 인간의 조건을 넘어서려는 일종의 초월에 대한 열망이지요. 하지만 과잉은 공동체를 파괴시킬 수 있기 때문에 크나큰 위험 요소가 됩니다. 그렇기 때문에 아테네를 비롯한 그리스 민주주의에서는 도편추방'ostracismo이라는 제도를 만들었습니다. 권력과 탐욕에 심한 갈증을 느끼는 시민이 있다면, 다른 시민들을 그를 도시의 위험인물로 간주했고, 결국 도시에서 쫓아냈습니다. 그리스의 도시 국가는 한계를 모르고 무절제에 다다른 사람들을 배척했고, 추방했습니다. 왜냐하면 한 사람의 '오만'이 도시 전체에 사슬처럼 퍼지는 것을 위험한 일로 여겼기 때문입니다. 이러한 '오만'의 사슬을 지금 우리가 쓰는 말로 바꾸면, '욕망 과잉'이나 '만족을 모르는 욕망' 정도가 되겠죠.

맨더빌의 윤리적 전환과 더불어, 우리는 일종의 총체적 전복 현상을 보았습니다. 이를 기점으로 과잉은 선과 가치가 되었지요. 모든 사람이 더 많은 돈을 벌기 위해 사투를 벌입니다. 그리고 그런 분위기는 제동 장치 없는 경쟁을 결정하고, 심지어 합법화합니다. 사람들끼리 늑대처럼 물고 뜯는 '만인의 만인에 대한 투쟁' 상태가 펼쳐지지요. 이 투쟁과 경쟁에는 여타의 전쟁처럼 승자와 패자가 발생합니다. 그럼에도, 이를 긍정적인 것 취급하지요. 온 세계를 무대로 돈을 싹쓸이하는 다국적 기업들과 하루 2~3,000원 남짓으로 연명하는 가난한 사람들 혹은 다수의 인민들이 경쟁자랍시고 싸움판에 들어가면 과연 누가 승자가 되고 누가 패자가 될까요? 그래서 저는 '문지방'처럼 일정한 한계와 제한을 두는 기준la misura의 의미를 되살리는 일이 매우 중요하다고 생각합니다.

란차: 그렇다면, 과잉은 경제의 합리성에서, 곧 맨더빌과 스미스가 활용했던 학문인 정치의 개발과 함께 태어난 건가요?

라투슈: "메가머신"megamachine이라는 개념이 있습니다. 기술과학의 합리성이 지배하는 사회 기계와 기술 기계, 기술 자동화와 경제 자동화로 생산된 기계들 안에 사회적인 것을 모조

리 구겨 넣는 현상, 사회적인 것과 분리된 현상을 말하는데요. 이 현상은 과잉의 모든 결과들을 토대로 발생하고, 합리적인 것이 되려 합니다.[8] 그러나 이러한 합리성은 항상 그리고 오직 '경제 합리성'일 뿐입니다. 경제 합리성이란 이익을 추구하고, 가능한 더 많은 이익을 추구하려는 합리성입니다. 이러한 합리성이 광범위한 영역을 점령했습니다. 이 현실과 마주해, 우리는 '실천적인 지'phronesis를 재전유하고 재발견해야 합니다. 로마의 키케로는 이를 "사려 깊음"prudenza이라 불렀고, 저는 "지혜"saggezza라고 불렀습니다. "현명함"이라 불러도 무방하고 "분별력"이라 불러도 무방하겠습니다만, "합리성"에 의거해 말해야 합니다. 우리는 더 많이 소유하려 하기 위한 길을 추구하지 말아야 합니다. 오히려, 앞에서 우리가 짚었던 '지혜'를 기준으로 삼고, 기준의 방향으로 삼을 필요가 있습니다. 아메리카 원주민의 지혜가 말하듯, '수막 카우사이' Sumak Kawsay[9]

---

8) Serge Latouche, *La Megamacchina. Ragione tecnoscientifica, ragione economica e mito del progresso*, Torino, Bollati Boringhieri,1995; (프랑스어 원서) *La Mégamachine. Raison technoscientifique, raison économique et mythe du progrès*, Paris, La Découverte, 1995.

9) [역주] 케추아 사람들의 언어로 '좋은 삶, 완전한 삶, 충만한 삶'을 의미한다. 아메리카 원주민인 케추아 족의 전통 우주관에서 나온 개념이다. '우리 자신, 다른 공동체, 자연과의 조화'를 이루는 삶을 가리킨다. 함부로 착취하거나 소유하지 않으며, 멈춤과 절제, 자연에 대한 감사를 바탕에 두는 습속, 문화, 윤리 등으로 연결된다. 에콰도르는 2008년 헌법 개정으로 '수막 카우사이'를 중심으

스페인어로 '부엔 비비르'buen vivir, 즉 충만하고, 조화롭고, 온전한 삶이 필요합니다. 요컨대 개인의 부를 최대로 늘리려는 삶이 아닌 공동선을 지향하는 삶이어야 합니다.

란차: 선생께서는 투쟁 중인 아메리카 원주민의 메시지인 '부엔 비비르'에 깊은 관심을 보이신 지식인이자 탈성장의 투사로서, 경제 위기에 빠진 그리스를 구하기 위한 탈성장 운동가들의 해법을 브뤼셀유럽연합 본부10에 제안하기도 하셨습니다. 정치에 참여하신 셈인데요. 탈성장 사상이 그리스 정부에 어떤 도움이 될 수 있을까요?

라투슈: 브뤼셀에 방문한 이후에 저는 그리스에 갔습니다. 알렉시스 치프라스11와 오랜 시간 회담을 가질 기회가 있었습니다. 당시2014년 그리스는 유럽에서 강제로 부과한 긴축 재정에서 탈출해야 했습니다. 그리스에게 요구된 긴축 재정은 터무

로 한 자연의 법적 권리를 보장하는 법안을 세계 최초로 통과시켰다.

10) 라투슈는 브뤼셀에서 열리는 유럽연합 의회 석상에서 연설할 수 있도록 그리스 의회의 초청을 받았다.

11) [역주] 그리스의 정치인이다. 실업률이 최고조에 이른 2015년에 치러진 조기 총선에서 승리해 그리스의 총리와 외교부 장관을 지냈다. 급진좌파 진영의 대표 인물이기도 하다.

니없는 수준이었습니다. 저는 이를 유럽연합의 범죄라 보고, 지금도 그 생각은 변함없습니다. 탈성장은 각자에게 검소하지만 행복한 생활수준을 부여하면서 일자리를 보장하는 정책을 중요하게 봅니다. 지속성과 생태양립성을 갖춘 미래를 열망하는 사회를 지향해야 하지요. 당시 그리스에게는 단기 기획이 필요했습니다. 유럽연합과의 해묵은 문제를 풀어야 했고, 무엇보다 채무 문제 해결이 시급했습니다.

그러나 대중 운동을 추진하는 운동가들 사이에는 급한 불은 급한 불이고, 더욱 장기적인 시각으로 바라봐야 한다는 분위기가 있더군요. 운동가들은 코르넬리우스 카스토리아디스12를 탈성장의 선구자로 소개한 책을 즉각 번역하고 싶다고 했고, 제게 직접 민주주의에 대한 강연을 요청하기도 했습니다. 당시 스페인에서는 좌파 대중 운동 정당인 '포데모스' Podemos와 함께 탈성장이 훨씬 현실성을 갖게 됐습니다. 더욱이 탈성장은 항상 대안세계화 운동에 존재했던 주제이기도 합니다. 물론, 모든 대안

12) 코르넬리우스 카스토리아디스(Cornelius Castoriadis, 1922-1997)는 라투슈의 지적 스승 가운데 하나다. 정신분석가, 철학자인 카스토리아디스는 아나키즘 성향의 마르크스주의에 영향을 받은 정치사상지 「사회주의냐 야만이냐」 (Socialisme ou barbarie)의 설립자 가운데 하나였다. 그는 사회를 상상의 제도로 설명하고, 자율적이고 급진적인 정치의 의미로 제도를 변혁하기 위한 '상상계의 탈식민화'를 중요 요소로 생각한다. 참고문헌에서 카스토리아디스에 관한 라투슈의 연구서를 참고하라.

세계화 운동가들이 '성장 반대론자들' [13]은 아니지만 말이죠.

란차: 실제로, 대안세계화주의자들의 사회 운동에도 탈성장 운동은 항상 있었습니다. 그러나 선생님의 최근 대담집을 보니, 탈성장 기획을 더 엄격한 의미로 규정하시더군요. 선생님께서는 탈성장을 "사회 기획"으로 부르기를 더 선호하시는 듯했습니다. 정치 기획의 용어들로 탈성장을 이야기하는 것은 단순한 표현에 불과하다는 점을 인정하셨고, 탈성장을 하나의 사회 기획, 더 나은 표현으로는 '사회에 관한 기획'으로 부르기를 좋아하는 듯 했습니다. 그러한 기획의 핵심은 지금과는 사뭇 다른 상상력을 동원해 성장 문명, 성장 종교와 단절하는 것이겠지요. 물론, 저 역시 정치 기획으로서의 탈성장을 인정합니다. 그러한 변화가 의복, 습관, 행동, 생활양식과 같은 윤리까지 아우르는 기획일 수 있을까요? 정치 기획으로서의 탈성장을 윤리 부문까지 포괄할 수 있는 변화라고 규정할 수 있을까요? 오늘날 거의 흔적을 찾아보기 힘든 아리스토텔레스의 '에토스' 생활의 규범이자 사회 구성원들의 믿음, 관습, 실천 행동을 포괄하

---

13) [역주] 라투슈와 그 동료들이 속한 탈성장 운동 집단을 말한다.

는 개념를 회복하기 위한 윤리 기획에 맞닿을 수 있을지 궁금합니다.

라투슈: 물론입니다. 탈성장은 분명 사회 운동입니다.

제 책 『탈성장의 도박』*Le pari de la décroissance*, 2007 초판, 2022 재판이 출간됐을 무렵에, 우리는 탈성장을 가능성 있는 정치 기획으로 이야기했습니다만, 반드시 정치 기획이어야 한다는 식으로는 이야기하지 않았습니다.

저는 탈성장을 정치 기획으로 지지합니다. 그러나 실제로 탈성장은 정치 기획 이상의 심오한 기획입니다. 탈성장은 정치 운동보다 더 혁명적인 개념입니다. 최초의 사회주의가 정당 구성을 추진하지 않았던 것처럼 말이죠. 모든 정당과 정치 조직들은 이러한 사회 기획에서 영향을 받을 수 있고, 다양한 정치 기획들 예컨대, 시리자, 포데모스 등에서 영감을 얻기도 하지요. 그리고 이를 토대로 사회 변혁을 모색하기도 합니다. 설령, 노선과 계파가 달라도 좌파나 극좌파 조직들도 그러한 정치 계획들에서 영감을 얻을 수 있습니다. 그러나 탈성장 기획은 하룻밤 사이에 뚝딱 만들 수 있는 기획이 아닙니다. 왜냐면 이 기획에서는 **상상계의**

탈식민화14 과정이 핵심이기 때문입니다. 따라서 탈성장 기획은 무엇보다 [탈성장] 사회에 대한 기획입니다.

탈성장 기획은 혁명 기획입니다. 문화, 법률 구조, 생산관계를 변혁하는 일이 이 기획의 관건이지요. 그러나 탈성장 기획은 정치 기획이기도 합니다. 확신 윤리보다 책임 윤리에 가깝습니다. 정치는 도덕이 아니며, 정치 책임자들은 타협 능력이 있어야 합니다. 결과적으로 보면, 정책들은 타협하면서 전진합니다. 탈성장 기획이 혁명적 특징을 가졌다고 하더라도, 현실 정책에 들어가면 개혁파 혹은 개혁주의 노선과 타협하는 일이 생길 겁니다. 단, 우리는 행동의 타협을 이야기할 뿐이지 사상의 타협을 이야기하지 않습니다. 사상의 타협이라는 퇴물로 전락하지 않는 이상, 탈성장 유토피아의 혁명 잠재력이 정치 개혁주의와 양립하지 못할 이유는 없습니다.15

---

14) 상상계의 탈식민화라는 주제에 관하여, 라투슈의 다음 책을 참고하라. Serge Latouche, *L'economia è una menzogna. Come mi sono accorto che il mondo si stava scavando la fossa*, Torino, Bollati Boringhieri, 2014; (프랑스어 원서) *Renverser nos manières de penser. Métanoïa pour le temps présent*, Paris, Les ditions Mille et Une Nuits/Fayard, 2014.

15) [역주] 이 문장은 오해의 소지가 있어, 역자가 말을 풀어 번역했다. 프랑스의 탈성장 운동가들은 일단 '지속 가능한 발전', '녹색 성장', '그린 뉴딜'과 같은 가짜 생태학에 대한 반대 노선을 분명하게 드러낸다. 여기와는 타협의 여지가 없다. 그러나 비슷한 주장을 펴는 사람들과의 정책 실천에 있어서는 연대와 타협의 유연성을 발휘하자는 쪽과 운동의 순수성을 훼손하지 말자는 쪽의 의견 대립이 있다. 여기서 라투슈는 정치 행동에 있어서는 비교적 온건파 현

저는 대문자 R재을 사용해 여덟 가지의 재생 기획을 제안한 적이 있습니다. 재평가, 재개념, 재구조화, 재분배, 재지역화, 축소, 재사용, 재활용이 그것이죠.16 이 여덟 가지 제안은 엄밀히 말해 정치 기획은 아닙니다. 오히려 구체적인 유토피아 기획이라고 말해야 합니다. 이것은 행동의 '**에토스**'ethos를 바꾸는 일입니다. 아리스토텔레스의 의미로 말하면, 윤리의 변화겠지요.

탈성장 기획의 밑바탕에는 '습속', 관습, 윤리의 변화가 있습니다. 저는 중국의 '도'道, tao라는 용어도 사용합니다. 정리하면, "탈성장의 도"il tao della decrescita가 되겠네요. "탈성장을 향한 도가道家 노선"la via taoista alla decrescita이라고 할 수 있을까요?17

실주의에 속한다고 할 수 있다. 참고로 뱅상 셰네(Vincent Cheynet)와 같은 또 다른 탈성장 운동가는 탈성장 운동의 정치적 타협을 운동의 오염과 왜곡을 낳을 수 있다고 주장하며 더욱 분파적이고 급진적인 주장을 펴기도 한다. 일례로, 지난 2011년에 셰네는 탈성장 운동 내부에서 활동하는 파트릭 비브레(Patrick Viveret)와 파브리스 니콜리노(Fabrice Nicolino)를 생태 운동에 맞지 않는 일종의 '이단'으로 낙인찍어 축출하려 한 일이 있었다. 이에 라투슈를 포함한 다수의 탈성장 운동가들이 셰네에게 다음과 같은 내용으로 공개 서신을 보낸 적이 있다. "견해 차이는 있을 수 있지만, 성장 반대론자들 사이에 벌어지는 이단 파문 시비는 진영 전체에 피해를 입힌다."

16) [역주] 각 용어에 해당하는 이탈리아어는 Rivaluatare, Riconcettualizzare, Ristrutturare, Ridistribuire, Rilocalizzare, Ridurre, Riutilizzare, Riciclare 이다. 2019년에 출간된 "탈성장" 관련 책에서, 라투슈는 여덟 가지 R에 몇 가지 내용을 추가한다. 회복탄력성, 저항, 근본/급진화, 재사유, 규모 재측정, 재변환, 재주조 등이다. 다음 자료를 보라. 세르주 라투슈, 「자멸하는 성장」, 『탈성장: 경제 체제 연구』(리카르도 페트렐라, 엔리케 두셀과 공저), 안성헌 역, 대장간, 2021, 67쪽, 142쪽 각주 4번.

17) [역주] 탈성장 운동은 디오게네스, 노자와 같은 고대 동서양 사상에서도 영감

공동으로 누려야 할 삶의 복지를 위해 검소한 절제를 통해 자기의 욕구와 욕망을 제한하는 법을 알아야 비로소 행복에 이를 수 있습니다.

란차: 행운인지 모르겠습니다만, 다양한 문화 운동들로 인해 지속 가능한 발전과 같은 사이비 개발이 불가능하다는 의식은 유럽인들에게 어느 정도 자리를 잡은 것 같습니다. 대안 세계화 운동가들의 분포도 다양한데요. 선생께서는 이 운동가들 중에서 탈성장 사상에 가까운 분들을 거론하기도 하셨죠. 19-20세기의 범주를 되풀이 한다면, 탈성장 운동의 위치를 어디에 둘 수 있을까요? 아나키즘 계열 운동일까요? 아니면, 사회주의 계열 운동일까요? 덧붙여, 현 21세기에도 이러한 분류법이 유의미하다고 보시나요?

라투슈: 저는 오늘날 좌/우파의 구분은 더 이상 의미 없다고 봅니다. 예컨대, 대중주의populismo 운동이라 불리는 새로운 운

을 얻는다. 세르주 라투슈가 주도하는 "탈성장의 선구자들"(Les précurseurs de la décroissance) 시리즈에 노자 사상을 연구한 책도 참고하라. Claude Lleda, *TaoTseu et les taoïstes ou la recherche d'une vie harmonieuse*, Neuvyen Champagne, Éditions la passager clandestin, 2014.

동들은 기존의 정치 체계에 맞서는 형태로 등장했습니다. 그리스의 시리자, 스페인의 포데모스, 이탈리아의 오성운동과 같은 대중주의 정치 운동은 탈성장의 일부 이념들을 명시적으로 지지하기도 했습니다. 그러나 정치 운동은 늘 오고 가는 법이고, 시간이 지나면서 부패하기 마련입니다. 이러한 정치 운동의 특징과 별개로, 탈성장은 꾸준하게 추진되는 운동입니다. 특히, 오늘날 전염병 대유행COVID19 상황에서 우리에게 더욱더 필요한 대안으로 제기되는 실정입니다.

란차: 프랑스 혁명에서 신자유주의의 도래까지 2세기1789-1989 동안 지속된 좌파와 우파의 구별을 넘어섰다는 선생의 의견에 전적으로 동감합니다. 그러나 오해를 막기 위해 몇 가지 구체적인 이야기가 더 필요하다고 생각합니다. 좌/우파 구분은 지금도 광범위하게 사용되기 때문입니다. 좌/우파 구별이 사라졌다는 말은 강력한 윤리적 변별점도 더 이상 존재하지 않는다는 말로 풀어도 될까요? 탈성장 운동도 노선 변별 없이 모든 정파를 용인할 수 있습니까?

라투슈: 사실, 좌파와 우파의 대립은 과거 마르크스주의자들이 "부르주아" 민주주의라 불렀던 대의제 민주주의의 소산입니다. 의회에서 왼쪽, 오른쪽으로 갈라져 싸웠던 모습이 그대로 반영된 것이죠. 최초의 사회주의자들은 이러한 편 가르기 놀이에 가담하기를 거부했습니다. 이후, 사회주의 기획과 좌파 기획의 혼종과 연합이 수많은 혼란을 부추겼지요. 지금도 생태주의의 기획과 녹색당의 기획에서 계속 반복되는 일입니다. 자끄 엘륄Jacques Ellul과 베르나르 샤르보노Bernard Charbon-neau와 같은 정치생태학의 초기 이론가들은 생태주의 정당특히, 프랑스 녹색당의 창당에 반대했습니다. 저 역시 이들과 동일 선상에서 탈성장 정당의 창당에 반대했습니다.

좌파가 경제 자유주의와 혼인한 이후로, 좌파와 우파의 구별은 사실상 사라졌습니다. 오늘날 정치를 규정하는 토대는 바로 경제입니다. 우파 정치든 좌파 정치든 경제의 재가를 받아야 합니다. 이쪽이나 저쪽이나 똑같이 물주들 눈치 보는 셈이죠. 세계화 사상으로 좌파와 우파의 대동단결이 이뤄졌고, 세계화가 최종 승자로 등극했으니까요. 우파든 좌파든—의회 정치의 장난질을 좀 골려보고 싶군요— 노동 보호와 복지 국가를 파괴하는 데 동의합니다. 따라서 오늘날 통용 가능한 유일한 구분법은 '소비 사회를 지지하는 사람들'과 '소비 사회를 바꾸려는 사람들, 즉 소비 사회 체제와 단절하려는 사람들' 밖에 없습니다.

란차: 선생께서는 맨더빌과 함께 탄생한 합리성, 애덤 스미스의 정치경제학 탄생으로 더욱 견고해진 스코틀랜드와 프랑스의 계몽주의를 이야기하셨습니다. 그리고 탈성장 기획을 합리성 기획에 반하는 사회윤리 기획으로 소개하셨지요. 그럼에도, 제 기억이 틀리지 않았다면, 선생께서는 여러 책18에서 고대인의 지혜를 매우 호의적으로 언급하셨습니다. 이미 앞에서 이야기했던 '교만'*hybris*에 맞서는 '실천적인 지'*phronesis*도 그 중에 하나이지요. 제가 볼 때, 선생께서는 서구 사상의 근대 합리성과 탈성장 사이의 선명한 대립각 구축 문제는 고려하지 않으신 듯합니다. 그렇지 않은가요?

라투슈: 저는 "우파 탈성장"과 "좌파 탈성장" 사이에 분명한

---

18) 특히, 라투슈의 다음 책을 보라. Serge Latouche, *La Mégamachine. Raison technoscientifique, raison économique et mythe du progrès,* Paris, La Découverte, 1995; *Le défi de Minerve. Rationalité occidentale et raison méditerannéenne,* Paris, La Découverte, 1999.

차이가 있다고 생각합니다. 개인적으로 저는 좌파 출신이고, 혁명의 유산을 물려받았습니다. 따라서 계몽주의와 혁명 기획의 후손이기도 합니다. 저는 인류의 해방을 갈구했던 계몽주의의 이상을 부정하고 싶지 않고 기만하고 싶지도 않습니다. 우리가 근대성의 몇몇 방식과 형식을 포기하는 이유는 서구 사회가 경제주의l' economicismo와 결탁해 인간 해방이라는 계몽주의의 이상을 기만했기 때문입니다.

우리는 최근에 그리스의 비극을 똑똑히 봤습니다. 금융 시장이 강제로 부과한 신자유주의 경제 정책의 민낯을 봤고, 그리스 사람의 손으로 자국을 배반하는 정책을 결정하는 모습도 봤지요.

오늘날 금융 시장보다 우리를 타율적인 존재로 옭아매는 것이 있을까요? 금융 시장이 틀어쥔 권력은 과거의 왕권보다 우리를 더 타율적으로 억누르는 권력입니다. 왕의 머리는 단두대에서 날려 버릴 수라도 있지요. 보이지 않는 손을 무슨 수로 잘라 내죠?

부패에 제대로 저항할 수 있는 똑똑한 시민을 조직하고 미완에 그친 계몽주의의 꿈인 인간 해방을 실현하는 것이 근대 사회의 핵심입니다.

따라서 근대성의 모순들에서 벗어나야 함은 물론, 그것을 극복해야 합니다. 그렇기에 저는 헤겔의 '지양' Aufhebung이라는 말을 새롭게 발견하는 작업이 중요하다고 봅니다. 이 독일어 단어는 "파괴"를 뜻하지 않습니다. 새로운 형태의 자율성을 되찾기 위해 "유지하면서 극복"한다는 의미입니다.

란차: 선생께서는 소비 사회에 대한 비판을 통해 세 가지 요소를 명확하게 밝히셨습니다. 신용대출, 광고, 계획적 진부화를 제시하셨지요.[19] 이 요소들을 현 사회의 소비 경제를 지탱하는 기둥으로 규정하셨는데요. 각 요소들 간의 관계는 무엇인가요?

라투슈: 성장 사회가 신용대출, 광고, 계획적 진부화라는 세 가지 무한성에 기초한다면, 결국 자멸할 겁니다. 이 사실에서 출발해야 합니다. 재생 가능한 천연 자원뿐 아니라 재생 불가능한 천연 자원까지 채굴하고 착취하는 생산품의 무제한성이

---

19) Serge Latouche, *Sortir de la société de consommation. Voix et voies de la décroissance*, Paris, Les liens qui libérent, 2010.

있습니다. 또 소비의 무제한성이 있습니다. 소비의 무제한성이라는 표현이 가능한 이유는 무한정 생산된다면, 무한정 소비돼야 하기 때문입니다. 우리의 위胃는 제한됐기 때문에 더 많은 욕구가 생성돼야 합니다. 욕구를 점점 더 많이 생성하고, 인위적으로 더 많은 욕구를 만들어야 합니다. 이러한 욕구 생성의 담당자가 바로 '광고'입니다. 광고는 새로운 욕구의 생산지입니다.

그 결과는 산더미처럼 쌓인 쓰레기입니다. 대기, 물, 토양의 오염이지요. 미래에 인간 소멸을 낳을 온갖 종류의 공해가 유발됩니다.

이 무제한의 체제가 작동하려면 세 가지의 분자 운동이 필요합니다. 광고, 신용대출, 계획적 진부화가 그것이지요.

우리가 항상 더 많이 소비하도록 하는 일이 광고의 기능입니다. 광고는 우리가 가진 것을 만족스럽지 못해 보이게 하고, 갖지 못한 것을 욕망하도록 합니다. 우리의 불행이 더할수록, 충동 소비에 대한 압박감이 상승하지요. 광고는 우리를 번영과 행복으로 이끌지 않습니다. 광고주도 이걸 잘 알아요. 광고를 졸졸 따라가면 오히려 좌절감만 커질 겁니다. 행복한 사람은 덜 소비하는 사람입니다. 내가 행복하다면, 불필요한 구매를 생각하지 않습니다. 오히려 내가 불만족스러울 때, 광고 시청의 유혹에 더 쉽게 끌립니다. 그러한 소비 재화를 구매할 때 더 행복해질 수 있다고 생각합니다.

신용대출에 대해서도 이야기해 보죠. 오늘날 많은 사람들이 지속적인 일자리를 확보하지 못합니다. 그런데도 소비를 지속하려 합니다. 소비를 지속하려면, 빚도 계속 져야 합니다. 몇 년 전부터 무직 상태에 있는 사람에게도 신용대출이 가능해졌습니다. 상환 능력 없이 계속 빚더미만 쌓이는 구조가 만들어진 셈이죠. '닌자' NINJA라는 약칭으로 불리는 신용대출금고가 대표 사례입니다. 수입, 직업, 자산이 없는NINJA: *No Income*, *No Job*, *no Asset* 상태, 그러니까 소득이나 마땅한 직업이 없는 사람들, 담보 자산을 소유하지 못한 사람에게도 대출 가능한 방식이 등장했습니다. 이는 거대한 투기 거품을 조장했습니다. 그리고 지난 2007년 8월에 대폭발해 버렸죠. 그럼에도 지금도 또 다른 거품을 마구 생성하는 중입니다. 언제 또 터질지 모르죠.

혹자는 광고에 알레르기 반응을 보이더군요. "광고요? 됐거든요?"라고 일축하면서 아예 쳐다보지 않는 사람들도 있습니다. 또 일각에서는 사용도 못하면서 빚만 산더미처럼 쌓이는 신용대출에도 알레르기 반응을 보입니다. 그런데 이런 사람에게 조차 소비는 압박을 가합니다. 전자 부품과 함께 그 수량을 더하는 기계제품인 전자 기기들은 애당초 일정 기간이 지나면 고장 나도록 설계됐기 때문입니다. 그리고 그 수명은 점점 짧아집니다. 우리 모두는 컴퓨터, 텔레비전을 사용해 본 경험이 있습니다. 그런데 컴퓨터나 텔레비전은 몇 년 만 지나도 사용하기 어려운 구식 물건이 됩니다. 구식 제품이 되는 기간은 점점 짧아지고요. 물건을 수리하러 가면, 차라리 버리는 게 더 낫다고 할 겁니다. 신제품을 구매하는 비용이 구제품을 수리하는 비용보다 더 저렴하니까요. 이런 식으로 아직 쓸 만한 물건이 수없이 버려집니다. 바로 이것이 '계획적 진부화' 입니다. 계획적 진부화는 소비 사회에 복무하는 충견임과 동시에 심각한 환경 파괴의 주범입니다.

란차: 선생께서 관찰하신 계획적 진부화에 관한 이야기를 들으면서 저는 『세계의 서구화』*L'occidentalisation du monde*, 1989를 처음 읽으면서 얻었던 몇 가지 생각이 떠올랐습니다. 선생님

책 가운데 처음 읽은 책이었고, 언제나 제게 유의미한 통찰을 주는 책이었습니다. 이 책은 서구의 상상계를 구성하는 상품으로 꽉 찬 덧없는 세계와 죽음을 연관시켰고, "작업 생산된 물품의 무한 축적이 불멸성을 환상적으로 대체했다."라고 씁니다. '삶을 위한 삶'을 숭배하는 서구 세계는 역사 저편내세의 부재와 무의미해진 죽음을 통해 세속적 반전을 보였습니다. '내세의 불멸성'을 '지상의 불멸성' ─불멸성을 양적 차원에 환원하려는 시도─로 전환하려는 이 꿈이 삶의 의미를 다룰 수 없는 '무제한성'이라는 패러다임을 형성했다고 말할 수 있을까요?

라투슈: 분명히 그렇게 말할 수 있습니다. 지상에서의 우리의 삶은 제한적입니다. 이것이야말로 인간이 마주하는 첫 번째 한계니까요.

그러나 불멸성에 대한 서구 세계의 환상을 이야기한 사람은 저 뿐만이 아닙니다. 작업을 통해 생산된 제품들의 무한 축적이 불멸성의 환상적 대체물이라는 생각은 철학자이자 사회학자인 장 보드리야르의 글20에도 등장합니다. 그리고 이보다 더 이른

---

20) 라투슈는 보드리야르에 관한 여러 책을 출간했다. 이탈리아어 번역본으로는 『보드리야르: 아이러니를 통한 전복』(*Baudrillard. O la sovversione l'ironia,*

시기에 필립 아리에스와 같은 역사학자들의 생각에도 등장합니다. 아리에스는 『죽음 앞의 인간』1977과 『서구 세계에서의 죽음의 역사』1975처럼 서구 세계에서의 죽음을 연구한 두 권의 책을 썼지요. 훗날 아리에스의 주제를 되풀이했던 인물이 바로 이반 일리치입니다. 그러나 불멸성에 대한 환상은 13세기의 로저 베이컨까지 거슬러 올라가지 않더라도, 계몽주의 시대의 사상가들인 튀르고나 콩도르세의 진보 이론에도 명확하게 나타나고, 프랜시스 베이컨의 『새로운 아틀란티스』에도 등장합니다.

오늘날 우리는 기술과학과 더불어 이러한 환상이 어떻게 기술 기획으로 바뀌었는지를 확인할 수 있습니다. '사이보그'라는 '인간 증강' human enhancement, l' uomo aumentato을 통한 기술과학 기획이 불멸성의 환상을 차지하고 말았습니다. 머지않아 우리는 불멸 상태에 도달할 겁니다! 심지어 미국의 일부 억만 장자들 중에는 다시 살아날 수 있다는 소위 '부활'의 희망가를 부르기까지 합니다!

란차: 우리를 마치 신처럼 만드는 이 불멸성에 대한 꿈이 모

2016)과 『보드리야르가 우리에게 남긴 것』(*Quel che resta di Baudrillard*, 2021)이 출간되어 있다. 참고문헌에서 자세한 내용을 확인하라.

르긴 몰라도 머지않아 우리를 진짜 신으로 바꿀 수도 있겠군요. 한쪽에는 오랜 수명에 대한 꿈이 있습니다만, 선생께서 방금 지적하셨듯이 물건의 수명은 점점 짧아집니다. 우리는 이런 세상을 보는 중입니다. 그렇다면, 이런 세상에서 계획적 진부화, 경제적 필요, 문화의 구성은 어떤 의미를 가질까요?

라투슈: 제가 '계획적 진부화'라는 용어로 설명했습니다만, 엄밀히 말하면, '총체적 진부화' l' obsolescenza incorporata라는 용어가 더 적절합니다. 어쨌든 이러한 진부화 현상은 모든 도구마다 취약한 요소를 도입합니다. 사용자는 계속해서 도구를 구매해야 합니다. 텔레비전, 냉장고, 세탁기를 생각해 볼까요? 이 제품은 구매 후에 얼마 지나지 않아 사용할 수 없는 구식이 됩니다. 애당초 짧으면 2년, 길면 5년 정도의 수명으로 기획된 제품이기 때문이죠. 이제는 그 수명마저도 점점 짧아지는 추세입니다.

옛 사람들은 이른바 "내구재"耐久財라 불리는 물건을 일평생 사용할 수 있는 설비를 갖췄습니다. 시계를 사서 평생 쓰고, 후손에게 물려주기도 했습니다. 아마포를 지참금으로 주기도 했고, 그것을 상속하기도 했습니다. 1960년대의 소비주의와 일회용품은 이 모든 것을 송두리째 바꿨습니다. 1895년에 킹 캠프 질레트King Camp Gillette가 발명한 면도기는 내구재의 일회용품 대체의 신호탄과 같았습니다. 이제 항구적으로 쓸 수 있는 제품이 아닌, 언제든 쓰레기가 될 수 있는 제품이 자리를 차지하게 됐습니다.21

대량 생산으로 인해 상품 가격은 떨어졌습니다. 사람들이 여러 제품을 쓸 수 있게 됐지요. 그러나 고수익 상태를 유지하려면, 수요의 중단이 있어서는 안 됩니다. 지속적으로 수요를 갱신해야 하지요. 그러나 이미 포화 상태에 도달한 시장에서는 불가능한 일입니다. 계획적 진부화는 제품 수명이 법적 보증 기간22에 맞도록 하고, 이를 이상적인 방향으로 설정합니다.

란차: 그렇기에 내구재가 얼마 지나지 않아 쓰레기가 되고, 물건들의 수명은 점점 더 짧아지는 것 같습니다. 제 보기에 시

---

21) Serge Latouche, *Bon pour la casse. Les déraisons de l'obsolescence programmée*, Paris, Les liens qui lib rent, 2012. [국역] 세르주 라투슈, 『낭비 사회를 넘어서: 계획적 진부화라는 광기에 관한 보고서』, 정기헌 역, 민음사, 2014.

22) [역주] 보통 2년이나 3년 정도이다. 바꿔 말해, 2-3년에 한 번씩 제품을 교체해야 한다.

간도 물건과 마찬가지인 것 같습니다. 시간의 차원도 뭉개지는 것 같아요. 저는 현재 우리가 시간을 잃어버린 사회, 더 자세히 말해 시간이 점점 단축되고 희박해지는 사회에서 산다고 생각합니다. 포스트모더니즘이 말하는 시공간의 압축과 『낭비사회를 넘어서: 계획적 진부화라는 광기에 관한 보고서』[23]에서 말하는 덧없고 일시적인 것의 승리 사이에 어떤 연관성이 있을까요? 시간에 대한 관점을 어떻게 바꿀 수 있을까요? 과연 우리는 어떤 위기에 직면하게 될까요? 선생께서 말씀하신 덧없고 일시적인 것의 승리로 인해 시간에 대한 우리의 시각은 어떻게 바뀔까요?

라투슈: 이탈리아에도 잘 알려진 독일의 젊은 철학자 하르트무트 로자도 『소외와 가속화』[24]에서 바로 그 주제와 대결했습니다. 로자는 근대성과 근대 후기의 핵심 개념을 가속도에서 찾았습니다. 모든 것이 가속화됐습니다. 그리고 가속화는 사람들의 심리와 정신에 영향을 미쳤습니다. 그 결과, 모든 것이

---

23) 윗글.

24) Hartmut Rosa, *Alienation and acceleration: Towards a critical theory of late-modern temporality*, Malmö, NSU Press, 2010.

불안정한 상태가 됐습니다. 로자의 분석보다 이른 시기에도 그와 유사한 성찰을 보인 사상가가 있습니다. 예컨대 귄터 안더스Günther Anders와 같은 철학자도 『인간의 골동품화』*Die Antiquiertheit des Menschen*에서 이 문제를 다뤘습니다.25

란차: 자기의 역사와 실제 가치를 잃어버렸음에도 불구하고, 광고는 제품 소비를 타당한 행위로 만드는 데 유용한 도구입니다. 선생께서는 이러한 광고를 정신적 공해라고 평가하기도 하셨습니다. 광고의 역할은 무엇인지 더 구체적으로 설명해 주시겠습니까?

라투슈: 본래 광고는 우리가 소유한 것에 대해서는 불만족을 느끼게 하고, 소유하지 못한 것에 대해서는 구매욕을 부르는 역할을 맡습니다. 광고는 사람들을 조작하고, 판단력을 파괴합니다. 말하자면, 광고는 윤리 감각과 도덕 감각을 파괴하는 조력자의 역할을 맡습니다. 상당히 위험한 일이지요. 지금

---

25) 발터 벤야민의 친척이자 한나 아렌트의 첫 번째 배우자로도 유명한 철학자 귄터 안더스(1902-1992)는 1956년에 『인간의 골동품화』를 출간했다. 그는 이 책에서 인간의 감성과 기술의 진보 사이에 존재하는 위상의 차이를 분석했다. 기계가 역사의 주체가 된 세상에서 인간은 결국 기계에게 추월당한 존재가 됐다. 본서의 참고문헌에서 그의 저서를 확인하라.

우리가 이야기하는 영구적으로 사용할 수 있는 제품들이 아닌 잠시 쓰다가 버리는 제품들의 승리에 큰 공로자가 바로 광고입니다. 오늘날 허위 정보는 상업 광고, 정치 홍보 등과 긴히 얽힙니다. 나아가 이러한 허위 정보는 대중에 대한 선전과 조작으로 바뀌기도 하지요.[26] 이것이야말로 진짜 감옥 생활입니다. 일리치는 갈증이 어떻게 코카콜라에 대한 욕구로 바뀌는지를 설명했습니다. 그러면서 그는 "소외의 구체화사물화"reificazione alienante라는 관점에서 광고를 통한 욕구 창출의 문제를 분석했습니다.

이러한 가속화 현상은 개인의 생활과 접촉할 뿐 아니라, 결혼 생활도 일회용으로 바꿉니다. 노동자도 일회용처럼 쓰고 버리는 대상이 되고요. 한 마디로, 모든 것이 일회용처럼 쓰고 버리는 소비재로 바뀝니다. 과거에 사용되었던 모든 물건이 이제는 소비되고 버려지는 신세가 됐습니다.

란차: 지금 우리는 윤리나 도덕이 방향을 잃고 허망하게 부

---

26) Ivan Illich, *Celebrare la consapevolezza. Appello a rivoluzionare le istituzioni. In Celebrare la consapevolezza, Opere complete.* Vol. 1, Vicenza, Neri Pozza. (영어 원서) Ivan Illich, *Celebration of awareness: A Call for Institutional Revolution,* New York, Doubleday, 1970. 이반 일리치, 『깨달음의 혁명』, 허택 역, 사월의책, 2018.

서지는 장면을 목격하는 중입니다. 그렇다면, 선생께서 추진하시는 "탈성장의 선구자들"27 단행본 발간과 탈성장 운동의 추진도 '집단 차원에서 시도하는' 일종의 뿌리 찾기 운동이라고 할 수 있을까요? 탈성장의 방향에서 보면, 획일성을 요구하는 신자유주의 사고에 맞서서 다양한 사상의 기원들을 탐색하는 작업은 최근 불거진 자본주의 대안 찾기 활동처럼, 새로운 사유 패러다임에 대한 윤리적, 정신적 뿌리 찾기 작업이라 할 수 있는데요. 새로운 '에토스'를 위해 꼭 필요하면서 근대성의 대안이 될 수 있을 만한 제안을 간략하게라도 제시해 줄 수 있으신가요?

라투슈: 동료들과 '탈성장'을 외치기 시작했을 때, 저는 '코르넬리우스 카스토리아디스'와 '이반 일리치'라는 두 스승을 참고했습니다. 그러나 저와 동료들은 우리의 노선을 독창적인

---

27) 프랑스의 '르 파사제르 클랭데스탱'(Le Passager Clandestin) 출판사와 이탈리아의 '자카 북'(Jaca Book) 출판사에서 발간된 "탈성장의 선구자들" 시리즈는 정치생태학의 토대를 이룬 사상가들의 글을 발췌, 출간하는 방식으로 대중들에게 탈성장 사상을 보급하는 중이다. 이 작업은 이반 일리치, 코르넬리우스 카스토리아디스, 알렉스 랭거, 앙드레 고르스와 같은 정치생태학 선구자들의 글을 다뤘을 뿐만 아니라, 에피쿠로스, 간디, 노자, 티지아노 테르자니처럼 최근 들어 탈성장을 예고했던 중요 인물들로 수용되는 사상가들과 저자들에 대한 연구도 병행한다.

노선이라고 생각했습니다. 시간이 지나면서, 우리는 근대성이 인류의 모든 사상을 감췄다는 사실을 알았습니다. 연구를 진행하면 할수록, 그러한 사실을 계속 발견하게 됐습니다. 다양한 문화에서 울렸던 인류의 사상이 수렴되는 곳은 바로 한계의 의미와 필요성, 검소한 생활에 담긴 가치 등이었습니다. 저는 작은 것에 만족할 줄 모르는 사람은 결코 어떠한 것에도 만족할 줄 모를 것이라 단언한 에피쿠로스를 생각합니다. 에피쿠로스 외의 다른 사상가들도 그와 동일한 사상을 제시했습니다. 노자가 대표 사상가이지요. 에피쿠로스 학파에서 스토아 학파까지, 에피쿠로스 학파에서 아프리카의 지혜와 아메리카 원주민의 지혜 전통에 이르기까지, 사람들은 언제나 자기를 제한할 수 있는 능력을 지혜와 동일시해 왔습니다. 이 전통들에 따르면, 행복, 즉 "참살이"는 자기의 욕망을 지배할 수 있는 능력을 갖춘 사람들, 자기 욕구의 한계를 설정할 수 있는 사람들, 일종의 절제를 실천할 수 있는 사람들에 의해서만 도달할 수 있습니다. 앞에서 이야기했던 그리스 철학은 과잉과 '오만'hybris에 대한 비난으로 그러한 관념을 표출했지요.

그 후에 저는 서구 역사에서 지난 두 세기 동안 지속됐던 '산

업 자본주의'를 괄호에 묶으려 했습니다. 다시 말해, 근대 산업
사회와 산업 자본주의라는 짧은 시기(지금도 우리는 이 시기를 살고 있
습니다)만를 괄호치기하면, 인류의 거의 모든 사상은 탈성장 사상
과 조화로운 사상이라는 사실을 발견할 수 있습니다. 매우 중요
한 발견이었어요. 왜냐면 탈성장 운동에 반대하는 자들에 맞서
서 이 기획의 뿌리 깊은 역사와 현실적 타당성을 발견하는 데 큰
도움이 됐기 때문입니다.[28]

---

28) 라투슈는 프랑스와 이탈리아의 여러 출판사들과 협력해 왔다. 특히, "탈성
장의 선구자들" 시리즈를 대중에게 소개하고, 연구를 진행하는 작업과 관
련해 중요한 역할을 했다. [역주] "탈성장의 선구자들"(Les précurseurs de la
décroissance) 시리즈는 2010년대에 집중적으로 출간되기 시작했다. 앞에서
언급한 것처럼, 20세기 서구 정치생태학의 선구자들의 사상을 중점 소개하
던 방향에서 동서양 고전 및 아프리카와 아메리카 원주민들의 지혜 전통에
이르기까지 사유의 범위가 매우 넓다. 탈성장 운동은 단순히 수치와 그래프,
정책과 제도의 문제로 끝나지 않고, 더 총체적이고 포괄적인 차원의 변혁을
꾀해야 한다는 사고를 고스란히 담았다고 할 수 있다.

2부·탈성장과 교육학

란차: 선생께서 계몽주의 극복*Aufhebung*에 대해 말씀하는 중에, 저는 지양/보존에 대한 부분을 생각해 보았습니다. 현대인이 탈성장 기획에서 교육 문제를 대체할 수 있는 부분이 바로 이지양/보존인 것 같습니다. 교육학 관점에서 보면, 관건은 전통을 부여하는 최고의 것을 보존하면서 현실 사회를 극복하는 일이 아닐까요? 우리는 이미 무제한성에 관해 이야기했고, 선생께서도 수차례 '자기 제한'의 문제나 '한계선 교육'의 문제를 거론하셨습니다.[29] 또 교육과 관련된 하나 아렌트의 주장들을 매우 과감하게 되풀이하셨는데요. **우리 아이들을 혁명적으로 키우려면, 교육은 더 전통적이어야 한다**는 말로 아렌트의 주장을 요약하셨습니다. 선생께서 제안하시고 강조하신 교육학의 필요성과 맞물려 생각해 보면, 교육학은 혁명적이고 저항적인 교육

---

29) Serge Latouche, *Limite,* Torino, Bollati Boringhieri, 2012. (프랑스어 원서)
　　Serge Latouche, *L'Âge des limites,* Paris, Les Éditions Mille et Une Nuits, 2012.

학입니다. 언젠가 다른 자리에서도 선생께서는 교육학의 과제를 '시민 교양과 시민 생산'30이라는 매우 단순한 임무로 정리하셨습니다. 미덕에 대한 교육에 대해서도, 선생께서는 오늘날 이야기하기에 너무 어려운 말이 됐다고 하셨습니다. 덕을 교양하기 위한 방향 설정이 정말 어렵긴 합니다. 에피쿠로스나 간디와 같은 안내자와 스승들을 길잡이 삼아 가는 길이면 좋겠는데 말이죠. 탈성장 교육학은 그리스인이 말한 '파이데이아'나 근대인이 말한 '빌둥' Bildung31과 같은 고전 교육학에 가깝다고 말할 수 있을까요? 그러니까 인간을 덕의 가치에 따라 정치적 책임을 질 줄 아는 시민으로 양성하는 교육학이라 할 수 있을까요? 그러나 이러한 의미에서 보면, 덕을 통한 시민성 교육은 결코 혁명적이라 할 수 없을 겁니다. 고대인의 윤리와 교육학으로 되돌아가는 모양처럼 보이니까요. 보수적인 태도에 가까워 보이기도 합니다. 일종의 역설인데요. 사회 혁명을 위해 선생께서는 보수주의 교육학을 제안하시는 건가요?

---

30) [역주] 시민을 교육하고, 시민다운 시민을 만드는 일을 가리킨다.
31) [역주] 철학과 교양, 정체성, 자기다움 등을 통해 자신을 가꾸고 형성하는 근대 독일의 교육 과정이다.

라투슈: 그렇습니다. 그렇기 때문에 우리 성장 반대론자들은 "보수 혁명가"rivoluzionari conservatori를 자처합니다. 조지 오웰이나 크리스토퍼 래쉬의 입장과 정확히 일치하지요.[32] 우리가 "보수" 혁명가의 자리에 서는 이유는 근대주의자라는 작자들이 전통 교육을 몽땅 파괴했기 때문입니다. 물론 전통 체제의 교육 방식도 비판 받아야 할 부분이 많습니다. 그러나 인문주의 문화와 고전 문화는 아이의 인격 형성에 중요한 요소였습니다. 그렇기 때문에 우리는 이러한 과거식 서구 교육 체계를 매우 소중히 여깁니다. 물론, 간디나 일리치처럼 이 교육 체계에 대한 정당한 비판을 제기한 사람들도 있습니다. 일리치는 『학교 없는 사회』Descolarizzare la società[33]를 써서 반향을 일으켰지요. 그러나 사람들은 이 책에서 밝힌 일리치의 주장과 메시지를 오독하고 오해하곤 했습니다.

일리치는 사회의 "탈脫학교화"를 이야기했습니다. 사회는 학

---

32) "아나키즘 보수주의"라는 표현의 원조는 조지 오웰이다. 오웰이 농담조로 말했던 이 표현을 장 클로드 미셰아(Jean-Claude Michéa)가 재차 강조했다. 우리는 조지 오웰, 파올로 파졸리니 등에 관한 글에서도 이 표현을 심심치 않게 볼 수 있다. 다음 자료를 보라. Christopher Lasch et Cornelius Castoriadis, *La Culture de l'égosme,* Climat, Paris, 2012. [역주] 프랑스의 아나키즘 철학자 장 클로드 미셰아는 이 책의 이탈리아어판 후기를 작성했고, 크리스토퍼 래쉬의 『엘리트의 반란』 프랑스어판 서문을 작성했다.

33) [역주] 이반 일리치, 『학교 없는 사회』, 안희곤 역, 사월의책, 2023.

교와 같은 형식에서 벗어나야 합니다. 그러나 교육자가 먼저 잘못된 교육을 받은 상황이라면, 우리는 무엇을 해야 할까요? 선생께서 방금 전에 언급하신 한나 아렌트34는 우리 아이들에게 혁명가가 될 수 있는 길을 열어준 인물입니다. 지금 우리가 아이들에게 물려 줄 세계어떻게 보면, 우리 아이들은 이 세계를 위해 "만들어"지는지도 모릅니다는 전쟁과 폭력, 경제 분야의 경쟁으로 인해 갈기갈기 찢긴 세계입니다. 한 마디로 완전히 황폐해진 세계이지요. 현대인 대다수가 "망가진" 상태라고 생각할 정도로 문제는 매우 심각합니다. 이러한 세상을 삶의 토대로 삼아야 하는 "평범한" 아이들은 앞으로 어떻게 살아야 할까요? 문화 혁명은 심리사회 조직에 심대한 변화를 동반합니다. 우리는 상상계의 변혁을 실천해야 합니다. 일리치의 말처럼, "문화 혁명은 미래를 위해 인간의 교육 가능성에 주사위를 던집니다."35

사실, 일리치는 학교의 중요성을 이야기하고 싶었습니다. 그러나 어린이와 청소년 교육을 학교에만 일임할 수 없다는 이야기도 덧댔습니다. 세대와 세대를 잇는 전달은 가정에서 이뤄지

---

34) Hannah Arendt, *Between past and future*, New York, The Viking press, 1961.

35) Ivan Illich, *Celebration of awareness: A call for institutional revolution*, New York, Doubleday, 1970. [국역] 이반 일리치, 『깨달음의 혁명』, 허택, 사월의책, 2018.

는 일이기 때문입니다.

　제기된 문제는 이렇습니다. 국민 국가가 등장한 이후로, 지도자들은 부모에게 이를 위한 공립학교를 만들 테니 더 이상 자녀 교육을 염려하지 말라고 선전했습니다. 학교는 무엇보다 '서구화의 도구'이자 '상상계의 식민화 도구'였습니다. 아프리카 지식인 대다수가 이를 제대로 간파하고 있습니다. 이들은 학교라는 서구식 노선을 따라가게 되면서 자문화의 뿌리가 뽑혔다는 사실을 알게 됐습니다. 서구 세계의 부모들은 여러 이유로 가정마다 존재하는 고유한 교육 방침을 포기하고 모든 교육을 학교에 위임했습니다. 오늘날 부모들은 이러한 교육 방침을 텔레비전 방송과 미디어에 양도했습니다. 프랑스와 이탈리아의 청소년들은 학교보다 화면 앞에서 더 많은 시간을 보냅니다. 광고 체계는 이 틈을 놓치지 않았죠. 부모와 학교가 포기한 공간을 재빠르게 차지한 것이 바로 광고였으니까요. 대기업의 후원을 받은 대형 텔레비전 방송 채널들이 교육 기관의 공급처 역할을 맡게 됐습니다. 예컨대 '채널 원'36과 같은 방송은 일종의 교사 역할

---

36) '채널 원 뉴스'는 사건을 매우 신속하게 포착해 방영하는 미국의 일간 뉴스 프로그램이다. 1989년에서 2018년까지 지속된 이 뉴스는 10분 동안 신속하게 사건을 보도했다. 방영 도중 2분가량(뉴스 보도 시간의 20%를 점유)을 광고에 할애했는데, 홍보 목적이 분명했다. 방송은 미국의 초중등학교 40%에 해당하는 학생들에게 송출되었다. "서비스" 대가로 텔레비전 방송, VCR, 위성

을 합니다. 이러한 현실에 우리는 문제를 제기할 수밖에 없습니다. 공립학교가 실질적인 교육 기관이 아니니까요. 학교는 점점 상업화되고, 학교 교육의 역할은 점점 축소됩니다.

란차: 어떤 점에서 학교가 교육의 역할을 수행하지 않는다고 할 수 있을까요?

라투슈: 베를루스코니가 강조한 세 가지 알파벳 '아이'I, 즉 컴퓨터Informatica, 영어Inglese, 기업가 정신Imprenditorialitá을 생각해 봅시다. 베를루스코니가 말한 이 세 가지는 사실 무지 Ignoranza, 무학Incultura, 무례Inciviltá입니다. 신랄한 풍자 대상이 되고 말았던 이 계획은 멍청한 국가 수장 한 사람의 쓸데없는 고민의 산물이 아닙니다. 이 계획은 에디트 크레송의 주도로 지난 1995년에 발간된 『유럽위원회 백서』*Libro bianco della Commissione Europea*의 시각과 정확히 맞닿아 있습니다. 이 『백서』는 성장, 경쟁, 점유라는 세 가지 유형에 기초한 교육 기관

시스템을 구축했고, 그 비용이 무려 50,000달러(약 6,600만원)에 달한다. '채널 원'은 광고를 위해 청소년들의 "생각할 시간"을 팔아 넘겼고, 30초 광고로 150,000달러(약 2억 원)를 받았다.

과 교육 과정을 강조합니다. 프랑스를 '창업 국가' startup nation 로 만들려는 마크롱 대통령의 계획도 상황 개선에 주효하지 않습니다. 더욱이 교육 기관들이 앞다퉈 정보를 왜곡하는 기관으로 변질되고, 새로운 세대는 재난의 추세도 제대로 준비하지 못하는 상태에 들어가죠. 학교는 대안들을 비가시화하거나 제거합니다. 그리고 아이들을 이리저리 조작할 수 있는 변질과 타락의 가능성까지 열어 젖혔습니다. 그렇게 상업화된 학교는 지식 유포의 독점 기관이 됐습니다. 이 상태에서 오늘날 고전 교육으로 되돌아가자는 주장은 매우 혁명적인 주장일 겁니다. 완전히 만족스러울 수는 없겠지만요. 경제 성장에 미친 세계 너머의 세계를 건설하려면, 탈성장 도시의 시민들은 페리클레스 시대의 시민과 달리 정치와 이론 분야의 학습뿐만 아니라 실천 분야에서도 학습을 이어야 합니다. 또 도시민과 마을 주민의 '해방'을 거부하는 사회 전 분야에서 어떻게 하면 삶다운 삶을 "만들" 수 있을지를 고심하고, 그에 따른 능력도 배양해야 합니다.

란차: 그렇다면, 성장 이후의 세계에서 이뤄질 교육과 관련

해, 근현대 시기보다 더욱 고전적인 시각으로 되돌아가야한다는 말은 과연 무슨 의미일까요?

라투슈: 가령, 선생께서 노동자에 대한 교육의 필요성을 제기했다고 합시다. 그 경우에 교육의 형태는 경제 종교, 소비 문명, 그리고 이반 일리치가 비판했던 모든 것에 대한 입문 의식의 형태로 바뀌어야 할 겁니다. 지금의 교육 기관과 제도는 허위 정보를 낳는 계획에 가담한다고 봅니다. 현 상황을 제대로 이해하고 고치려면, 현대 사회에서 모든 사람이 받고 있는 교육의 역설을 직시해야 하고, 부패에 저항하고 계몽의 이상을 구현할 수 있는 시민을 양성하는 쪽으로 되돌아가야 합니다. 지금의 학교는 지식을 오히려 무지 상태로 만들어 버리고, 각종 대안을 제거합니다. 학교는 이러한 비가시성과 대안 제거를 바탕으로 지식 유포를 독점하는 기관이 되고 말았죠. 동시에, 학교는 학교 바깥의 영역에서도 아이들과 청소년들을 왜곡된 방식으로 통제할 수 있는 길을 열었습니다.

오늘날 민주주의의 퇴보는 제도의 부패로 이어졌습니다. 학교는 성장 종교의 전달자 역할을 자처하며, 진보에 대한 믿음을 충실하게 심습니다. 각종 신기술이 이러한 성장 종교의 전달과 진보에 대한 믿음 이식을 추진하는 동력이 되지요. 이러한 학교는 '악의 평범성' la banalità del male을 예비하는 기관입니다. 지식과 전문 역량의 파편화가 공동선을 대체하고, 우리가 만날 법한 잠재적 재난에 대한 의식과 숙고를 불가능하게 만들기 때문이죠.

오늘날 교육학의 진짜 과제는 자율적으로 사고하고 '거대 기계' megamacchina 체제를 차단하는 모래 언덕이 될 수 있는 시민을 양성하는 데 있습니다. 물론, 쉽지 않은 일입니다. 혁신의 경향이 조금이라도 덜해 보이면, 전복적이고 매혹적인 기획이 재빨리 그것을 가릴 수 있으니까요. 지금 우리는 소비 사회와 성장 사회라는 약물에 의존하는 상황에 처했습니다. 따라서 진정으로 필요한 교육은 해독제의 역할을 하는 교육입니다. '저항'과 '상상계의 탈식민화'가 그 교육의 구체적인 형태겠지요. 이반 일리치는 현대인에게는 매우 불편하고 생각하고 싶지 않은 단어 하나가 필요하다고 말했습니다. 바로 긴축, 축소, 절제할 줄 아는 미덕인 '아스케시스' *askesis*입니다.

란차: 교사와 부모를 포함해, 오늘날 교육자들이 다뤄야 할 중요한 지점을 짚어 주신 것 같습니다. 유념해야 할 부분이라는 생각도 드네요. 선생께서 말씀하신 내용은 자기 한계를 스스로 설정할 줄 아는 능력인 '지혜'에 대한 고대인의 윤리적 성찰과도 연계돼야 한다고 봅니다. 저는 경제적 신자유주의가 교육학 지평에서도 교육의 규제를 완화시키는 방식으로 작용하고 있다고 생각합니다. 훈련과 연습을 거쳐야 할 미덕인 '절제'의 중요성에 대해 더 상세하게 설명해 주실 수 있는지요?

라투슈: 고대 그리스인들의 '파이데이아'와 같은 형태의 고전 교육에서, 시민 교양은 일종의 교화 활동이었습니다. 오만함에 대한 규율이고, 과잉에 대한 억제였으며, 탐욕, 권력에 대한 갈증, 이기주의와 같은 왜곡된 정념에 대한 제어였습니다. 따라서 교육이란 우리의 기운이 조화와 아름다움으로 나아갈 수 있도록 통로를 개척하는 작업입니다. 물론, 알키비아데스의 경우에서 볼 수 있는 것처럼, 언제나 성공하는 작업은 아니지만요. 여하튼, 조화와 미를 지향하는 교육에 초점을 맞췄기에 플라톤은 도시의 성벽도 훌륭한 교육자가 될 수 있다고 선

언했지요. 하지만 오늘날 그런 도시나 도심 외곽 지역이 있나요? 어떤 도시의 벽에서 조화와 미를 배울 수 있지요? 이따금 스프레이 낙서와 같은 일부 대중 미학의 반항을 접할 수 있습니다만, 오늘날 도심의 벽이 소비와 무관한 어떤 것, 야성이 꿈틀대는 반항적인 것을 교육할 수 있나요?[37]

란차: 우리가 사는 도시의 벽들이 좌절감을 맛본 소비자들과 사용자들 이외에 다른 것을 교육할 수 없다는 말씀이시군요. 선생의 말씀을 극단으로 밀면, 반항적 "야성"만 지닌 사람들만 양성할 수 있다는 뜻으로 읽힙니다. 선생께서는 글에서 "저항 교육학"과 "재난 교육학"에 대해 말씀하셨습니다. 그 의미를 더 상세하게 설명해 주실 수 있으신가요? 아울러 "탈성장 교육학"이라고 이야기할 수도 있을 법 한데, 왜 이 표현을 선호하지 않는지도 덧붙여 주시겠습니까?

라투슈: 탈성장 교육학에 관해 이야기한 저자들이 몇 명 있습니다. 이 주제와 관련된 두 권의 책이탈리아어로 작성, 번역된을

---

37) Marcello Paletra, *Graffiti. Poetiche della rivolta*, Milano, Postmedia Books.

추천하고 싶습니다. 첫 번째 책은 파브리치오 마누엘 시리냐노 Fabrizio Manuel Sirignano의 『탈성장 교육학: 세계화에 도전하는 교육』*Pedagogia della decrescita. L' educazione sfida la globalizzazione*, 2012입니다. 두 번째 책은 젊은 학자이자 저와 해당 주제로 토론하기도 했던 장 루이 에용Jean-Louis Aillon의 『탈성장, 젊은 이, 유토피아: 우리 미래를 되찾기 위한 불편함의 근원을 이해하자』*La decrescita, I giovani e l'utopia.Comprendere le origini del disagio per riappropriarci del nostro futuro*, 2013입니다.

반대로, 저는 탈성장 교육학을 이야기하지 않습니다. 제가 생각하는 탈성장은 교육학 기획이기보다 사회정치 기획이기 때문입니다. 따라서 "탈성장 교육학"은 엄밀한 의미에서 보면, 제게 큰 의미를 가진 표현은 아닙니다. 제 생각에 교육학은 자율적 인격의 생성타자의 법을 수용하는 '타율성'과 반대되는 '자율성'—스스로 법칙을 부여하는—의 의미에서을 그 목표로 합니다. 이러한 인격체가 어른이 되면, 인생 계획을 스스로 세우고, 시민 기획과 정치 기획도 스스로 세울 수 있어야 합니다. 시민이 되면, 공적 활동에 참여해야 합니다. 제 생각에, 이들은 지속적인 사회로 나아갈 수 있는 사회의 구성과 변혁에 참여할 수 있는 시민이어야 합니다.

오늘날 생태 위기 상황에 가장 부합하는 사회는 '검소한 풍요'를 추구하는 사회이어야 할 겁니다. 제 생각에, 오늘날 검소한 풍요를 추구하는 사회는 인류가 생존할 수 있는 유일한 조건입니다.

따라서 고전적이고 인문주의적인 교육학만으로도 세태에 저항할 수 있는 자율적인 인격체 구성이 가능하다고 말할 수 있습니다. 그리고 오늘날 이러한 교육학은 신자유주의, 극자유주의 이데올로기에 맞서 저항할 수 있는 교육학, 문화를 파괴하는 세계화에 저항할 수 있는 교육학이어야 합니다. 고전, 인문주의 교육학은 삶의 의미를 되찾도록 하며, 지역에서의 삶을 재개하도록 합니다. 요컨대 더 이상 소비자, 사용자, 고객으로 살도록 하지 않고, 시민으로 살도록 합니다. 물론, 앞에서 제가 언급한 것처럼, 더 실천적인 부분을 덧붙여야 하고, 노예제와 임금 노동제와 관련된 토지와 공예품에 관한 전통적 무지를 넘어서야 합니다. 시민들은 정신적, 신체적 지혜를 뜻하는 '칼로스 카가토스' καλὸς κἀγαθός가 되어야 할 뿐 아니라 장인을 뜻하는 '파베르' faber이어야 합니다.

란차: 그렇다면, '재난 교육학'이란 무엇인가요?

라투슈: 나오미 클라인Naomi Klein은 2007년에 출간한 책『자본주의는 어떻게 재난을 먹고 괴물이 되는가?』Shock Doctrine에서 중요한 이야기를 합니다. 즉, 자본주의 사회에서는 재난이 증가할수록, 체계가 더 강화됩니다. 그리고 재난이 가중된 체계는 재난 논리를 더 강화합니다. 저는 재난 교육학이라는 개념을 스위스의 생태주의자 드니 드 루즈몽Denis de Rougemont에게서 차용했습니다. 이 개념을 제게 전달해 준 인물이 있었는데, 바로 프랑수아 파르탕38입니다. 또 재난 교육학은 제 친구인 장 피에르 뒤피39의 "계몽된 파국론"catastrofismo illuminato와도 매우 가깝습니다. 재난 교육학은 체르노빌의 경우처럼, 일부 재난들로 사람들은 큰 깨달음을 얻고 여러 국가들이 핵전략을 포기하는 데 중요한 역할을 했다고 주장합니다. "재난 교육

---

38) [역주] 프랑수아 파르탕(François Partant, 1926-1987)은 1960년대부터 체제와의 단절을 꾀하는 발전 문제를 비판적으로 연구해 왔다. 향후, 그는 프랑스의 여러 대안 운동가들의 정신적 지주 역할을 했다.

39) [역주] 장 피에르 뒤피(Jean Pierre Dupuy, 1941)는 프랑스의 철학자, 공학자다. 프랑스와 미국에서 오랜 시간 가르쳤으며, 한스 요나스, 귄터 안더스, 이반 일리치, 르네 지라르 등의 사상을 토대로 재난, 환경, 질서와 무질서, 행동 철학과 윤리 등에 관한 중요한 책을 썼다.

학"은 현재 우리에게 절실히 필요한 상상계의 탈식민화를 구현할 수 있는 훌륭한 도구입니다. 따라서 재난을 통해 우리는 현실 상황을 제대로 의식하거나 그 현실에 강력하게 저항합니다. 그런 면에서, 재난은 우리의 선생이 될 수 있습니다. 우리는 역사에서 수많은 사례를 발견합니다. 그 가운데 변혁이나 "파시즘"과 같은 반작용을 유발하지 않는 재난도 있고, 단 5일 동안 4,000명의 사망자를 낳은 '런던 스모그'와 같은 재난도 있습니다. '런던 스모그'는 1956년 '청정대기법'에 관한 투표로 이어질 정도로 대중에게 큰 반향을 일으킨 사건입니다. 세계 과두제를 구성하는 극소수는 재난 상황에서 큰 이익을 얻습니다. 그러나 그런 식으로 모든 재산이 오히려 우리의 각성을 앞당기고 우리가 올바른 방향으로 미래의 변화를 이끌어 가도록 하는 문젯거리의 기능을 합니다.

란차: 선생께서는 다양한 경로를 통해 무신론자임을 밝히셨고, 종교계 사상가들과의 관계도 자본주의의 종교적 의미에 대한 비판에 한정된다고 선을 그으셨습니다. 제가 선생님의 책을 읽을 때마다 '참 매력적이다'라고 생각하는 부분이 있습니다.

『어떻게 세계를 다시 매력적인 곳으로 만들 것인가?: 탈성장과 거룩함에 관하여』40에서 선생께서 상당한 체계성을 발휘해 재발견하신 '영성' la spiritualità 관련 담론이 책은 탈성장과 영성 문제를 종횡무진 가로지르더군요이 특히 그렇습니다. 선생께서는 이미 여러 책을 통해 광고를 "영적 오염"inquinamento spirituale이라 평가하셨고, 윤리적 측면과 맞물린 담론을 비롯해, 지혜, 한계, 미덕, 인간과 자연의 관계에 대한 숙고와 연결되는 수많은 담론을 제기하셨습니다. 또 우주와 죽음, 인간에게 영향을 미치는 사물의 영적 힘 등을 거론하기도 하셨습니다. 몇 가지 사례를 제시하기도 하셨는데요. 특히 연어와 교환 관계를 맺는 아메리카 원주민의 삶이라든지, 숲에서 동물을 사냥하면서 살다가 생의 마지막에는 숲 속 동물에게 자신의 몸을 맡기는 시베리아 사람이 대표 사례입니다. 강물 수위가 높아지는 계절이 되면, 아메리카 원주민은 초대 손님의 자격으로 첫 번째 연어를 맞이하고, 잡아먹습니다. 일종의 제사 의식인 셈입니다. 연어의 희생은 일시적인 대여에 불과합니다. 뼈와 나머지 몸은 바다로 되돌아갑니다. 거기에는 다시 태어난다는 의미가 담겨 있습니

---

40) [역주] Serge Latouche, *Comment réenchanter le monde. La décroissance et le sacré*, Paris, Éditions Payot & Rivages, 2019.

다. 연어와 인간의 공존과 공생 관계는 이렇게 지속됩니다. 그러나 백인들이 도착하고, 강어귀에 통조림 공장이 세워지면서, 원주민들은 연어가 사라졌다고 확신했습니다. 백인들이 자신들의 제사 의식을 존중하지 않았기 때문입니다. 선생께서도 바로 이 문제를 질문하셨습니다. 과연 누가 원주민의 판단을 비난할 수 있을까요? 최근에 출간된 책에서도 선생께서는 시인들과 정신精神주의자들이야말로 세계를 다시금 매력 있는 곳으로 만들 수 있을 주역이 되어야 할 이들이라고 주장하셨습니다. 탈성장 교육학 담론이 영적 차원을 포기하지 않는 이유는 무엇인가요?

라투슈: 이 문제로 이탈리아 사람과 논쟁을 하게 되면, 미묘한 느낌이 없지 않아 있습니다. 왜냐면 이탈리아와 프랑스 사이에 큰 차이가 있기 때문입니다.[41] 형제국인 두 나라 사이의

---

41) 다른 중부 유럽과 마찬가지로, 프랑스어의 '라이시테'(*laïcité*)는 교회와 국가의 분리 원칙을 의미한다. 즉, 교회를 정치권력과 행정 권력에서 배제한다는 뜻이다. 이탈리아어 '라이치타'(laicità)는 다양한 의미를 가지면서도 프랑스어의 의미와 상당히 다르며, 이따금 대조의 의미로 쓰인다. 우리는 사전에서 '라이치타'에 관해 최소 세 가지 가치를 확인할 수 있다. 첫째, "신앙고백"에 반대하는 사람들을 가리킨다. 둘째, "사제"에 반대하는 사람을 가리킨다. 셋째, 이를 확장한 상태로서 "이데올로기 공백" 상태를 가리킨다. 다시 말해, 사제가 아닌 "세속인"(laico)과 신을 부정하는 "무신론자"(ateo)를 종종 혼동한다.

큰 차이라면, '가톨릭 국가 이탈리아'와 '세속 국가 프랑스'에서 오는 차이일 겁니다. 이탈리아는 가톨릭 국가로서 그 안에 개신교도, 무신론자, 불자, 무슬림 등이 있습니다. 반면, 프랑스는 세속 국가로서 그 안에 가톨릭교도, 개신교도 등이 있습니다. 프랑스의 정교분리 정책인 '라이시테' *laïcité*는 본질적이고, 근원적인 가치입니다. 테러 공격으로 한참 시끄러웠을 때에도 이를 확인할 수 있었지요.[42]

인간에게는 무한에 대한 열망, 무제한에 대한 열망이라는 차원이 있습니다. 저는 항상 이 부분을 염두에 둡니다. 무한이나 무제한에 대한 열망은 곧 초월에 대한 열망을 뜻하기도 합니다. 초월성이 특정 종교가 된다면, 타락할 가능성이 매우 높아집니다. 왜냐면 이반 일리치가 『기독교의 타락』*Pervertimento del cristianismo*, 2008에서 설명한 것처럼, 종교는 제도화되고 권력을 틀어쥐기 때문입니다. 선생께서도 종교가 자기 임무를 배반하고 관료 체계나 제도권의 자리를 꿰차는 모습을 보셨을 겁니다. 알렉스 차노텔리도 『돈과 복음』*Soldi e Vangelo*, 2013에서 이 부분을 적나라

---

42) 2015년 1월 7일 사회 풍자 주간지 「샤를리 엡도」(Charlie Hebdo) 파리 본사와 포르트 드 뱅센(Porte de Vincennes) 지역의 유대인 슈퍼마켓에서 발생한 테러 공격을 암시한다.

하게 지적했습니다. 시간이 지나면서, 저는 비종교 분야의 영적 차원을 발견했습니다. 라이문도 파니카르, 자끄 엘륄, 이반 일리치와 같은 제 스승들은 인간의 영적 차원을 가르쳐 줬습니다. 이들과 동일 궤도에 선 여러 작가들이 있습니다. 그들도 영성이 꼭 종교와 일치하지는 않는다는 점을 수용했지요. 영성을 추구한다고 하여 굳이 종교에 머물 이유는 없습니다.

저는 정교분리의 세상에서 살아가는 '라이크'세속인로서, 비종교 영성을 뜻하는 '라이시테'의 영성을 추구합니다. 그리고 이러한 영성 추구를 토대로 초월성에 관한 생각을 설명하려 합니다. 제가 중요하게 보는 초월성이란 '내재적 초월성'입니다. 철학자이자 제 친구인 프란체스코 토타로Francesco Totaro가『절대적인 것과 상대적인 것』Assoluto e relativo, 2013에서 설명한 것처럼, 유한 안에서 무한을 찾는 일에 초점을 맞춰야 합니다. 그리고 그 작업은 [종교 영성에게는] 도전이 될 겁니다.

란차: 대화 도중에 선생께서는 좋든 나쁘든 수차례 무한에 대한 열망의 문제를 거론하셨습니다. 선생의 여러 책을 접하면서 이런 생각이 들더군요. 선생께서는 경제를 통한 상상계의

식민화가 무한에 대한 이념 자체를 어떻게 바꿨는지, 그러니까 행복, 영성, 삶의 의미와 연결된 상상계의 심층부를 어떻게 바꿨는지를 파악하는 데 큰 기여를 하셨습니다. 저는 경제 성장이야말로 오늘날 불멸성과 무한성을 확보한 유일무이한 요소라고 생각합니다. 가르침을 담당하는 교육자는 정신 지표들을 확보해야 합니다. 저는 자기 상상력에 대한 의식과 어떤 점에서 경제가 우리의 의식과 상상을 식민지로 삼았는지에 대한 의식이 오늘날 매우 중요한 부분이라고 봅니다. 유한 속에서 무한을 추구한다는 말의 뜻은 무엇일까요? 인간적 초월성으로서의 무한의 연결은 오늘날 교육 담론에 어떤 유용성이 있을까요? 있다면, 어떤 부분과 접촉할 수 있을까요? 사상과 상상력의 근본을 추구하는 작업에 영적 차원과 교육적 차원이 포함될 수 있을까요?

라투슈: 물론입니다. 근현대 서구 세계를 유물론 문명이라 이야기할 수 있기 때문에 그렇습니다. 더 많은 생산을 추구하도록 자극하고, 생산과 소비를 더욱 부추기고, 폐기물을 더 많이 배출하는 낭비를 추진했습니다. 이러한 삼중 무제한성을 추

진하기 위해, 모든 문명들마다 간직해 왔던 영성의 형식들을 파괴해야 했습니다. 오늘날 우리에게는 과거와 전혀 다른 형태의 세속 영성이나 내재적 초월성의 형식이 필요합니다. 뿐만 아니라, 그 영성과 초월성의 형식은 색다른 형태이어야 합니다. '심층 생태학' l' ecologia profonda에 이러한 측면이 존재합니다. 물론, 심층 생태학이라는 용어에 약간의 의구심이 들지만요. 여하튼, 심층 생태학은 '수박 겉핥기식 환경주의' l' ambientalismo superficiale에 대립합니다. 아르네 네스Arne Næss나 헨리 데이비드 소로Henry David Thoreau와 같은 이들의 사상에는 제임스 러브록James Lovelock의 가이아 가설과 같은 세속 영성이 존재합니다. 러브록의 가이아 설에 따르면, 우주는 신성이 아닌, 우리를 넘어선 '어떤 것'입니다. 우리는 우주의 일부이며, 우주 바깥에 머물 수 없습니다. 우리는 세계에 대한 환멸과 자연에 대한 착취와 대면해 태도 변화의 문제를 곱씹어 봐야 합니다. 살아있는 존재가 자연을 세계의 총체로 생각하지 않는다면, 자기 제한이 무슨 의미가 있을까요? 바로 이런 부분이 영적인 차원 아닐까요? 우리가 나무와 동물을 진정으로 존중한다면, 이를 단순히 돈과 이익 확보를 위한 일차 자원들로 다룰 수는 없을 겁니다. 탈성장 기획은 소비 사회에서의 이탈을 추구합니다. 탈성장이 확고하게 추구하는 노선입니다. 소비 사회 이탈이란 인간의 모든 문화가 다양하게 발전시켰던 영성의 근본 차원을 재발견하겠다는 의지의 표명이기도 합니다. 우리는 칸트의 도덕론에 안주하지 말아야 합니다. 오히려 한스 요나스의 작업처럼, 칸트 도덕론의 경계를 뛰어 넘어 더 확장해 나가야 합니다. 우리에게는 아이들에게 제대로 된 세상을 물려줘야 할 책임이 있습니다. 따라서 동식물을 비롯해 광물 자원을 단순한 수단으로 다뤄서는 안 됩니다.

란차: 마지막으로, 사적인 질문 하나 드리고 싶습니다. 선생님께서는 대학에서 가르친 교수로서 혹은 교육자로서 언제나 아나키즘 사상에 가까운 입장이셨습니다. 또 교사와 학생의 관계에 많은 관심을 보이셨고, 이에 대한 질문도 누차 제기하셨습니다. 선생님의 실제 생활에서 학생들과의 관계는 어떠셨나요? 또 학생들과의 교육학적 관계를 어떻게 조율하시나요? 교수로서의 선생님 본인의 경험을 이야기해 주실 수 있으신가요? 새로운 교수법 실험에 열의가 있으셨나요? 아니면, 전통

교수법을 고수하셨나요? 혁명적이셨습니까? 아니면 보수적이
셨습니까?

라투슈: 저는 프랑스 6·8 운동이 일어났을 무렵부터 교직
생활을 시작했습니다. 당시는 기성 권위와의 단절을 통해 체
제, 세계와의 단절을 추구했던 시절이었습니다. 당시 학계에
서는 교수법에 관한 문제를 곳곳에서 제기했습니다. 교사와 학
생의 관계가 도마 위에 올랐고, '상좌에 앉아' *ex cathedra* 이뤄지
는 권위주의 전통 수업들은 비판을 받았습니다. 저는 이런 문
제에 관심이 많았습니다. 저 역시 문제를 제기했던 당사자였습
니다. 당시에 스코틀랜드 교육학자 알렉산더 S. 니일의 『자유
로운 아이들 서머힐』 *I ragazzi felici di Summerhill* 과 같은 책들이 출
간되었습니다. 이 책은 전통 교육에 반기를 들고, 지속적으로
문제를 제기했습니다.

1968년에 저는 프랑스의 릴Lille과 파리Paris에서 가르쳤습니
다. 전통 방식의 수업이 이뤄지지 않았습니다. 교수가 학생의 말
을 경청해야 했습니다! 요컨대 교사의 위치는 라캉이 말했던 "안
다고 가정된 주체" *sujet-supposé-savoir* 였습니다만, 이 위치에 대

한 대대적인 이의 제기가 일었습니다. 가장 유행했던 구호 가운데 하나가 바로 "금지하는 것을 금지하라"*Il est interdit d'interdire*였습니다. 모든 것이 가능했고 허용됐습니다. 교육학 관점에서도 마찬가지였습니다. 더 이상 교사는 없었죠. 왜냐면 우리 모두가 동등하다고 생각했으니까요. 제 교직 경력은 이러한 환경에서 출발했습니다.

그러나 제 교직 과정에서, 항상 이런 식으로 가르친 것은 아니었습니다. 처음에 제 눈에 비친 학생들의 모습은 옛 관계를 부수면서 새로운 형태의 관계를 형성하기 위한 일종의 "실험용 쥐"*cavie*와 같았습니다. 그러나 혁신을 추구하는 이 경험에 담긴 한계를 파악했고, 결국 저는 보다 전통적인 관계로 되돌아왔습니다. 지혜로운 판단이었다고 생각합니다. 학생들과 거리를 뒀지만, 오만하게 굴거나 교수로서의 제 권력을 남용하려 하지 않았습니다. 사실, 학생이 강의실의 법칙을 정해야 한다는 생각도 큰 의미가 없었습니다.

요컨대 저는 다양한 교육 문화를 추구하는 과정을 경험하면서 교육 관계는 비대칭 관계이고, 비대칭 관계이어야 함을 깨달았습니다. 학생은 교사와 동급이 아니며, 동급일 수도 없습니다.

물론, 제 말을 위계 서열의 관계로 이해하시면 안 됩니다. 저는 학생과 교사의 관계를 결정적인 관계로 보지 않습니다. 교사는 학생이 미래의 교사가 되도록 틀과 방향을 잡아주는 일을 과제로 삼습니다. 이와 관련해, 이반 일리치는 명확했습니다. 일리치는 '오늘날 더 이상 인기를 끌지 못하는 용어 사용으로 되돌아가고 규율의 의미를 되찾아야 한다'고 말했습니다. 규율은 젊은이들의 교육을 위해 꼭 필요합니다. 내용을 담은 메시지를 전달하는 법을 익혀야 합니다. 파괴 상태에 내몰린 젊은이들을 보며 '구글Google 탓'이라고 비난하는 정도에 그쳐서는 안 됩니다. 참다운 스승, 선생다운 선생이 필요하다고 생각합니다. 그러나 학생보다 우월하고 학생과 다른 종류라고 주장하는 서열과 권위주의에 사로잡힌 선생이 아닌, 자신은 잠시 가르치는 자의 자격으로 학생 앞에 설 뿐이라고 생각하는 선생이 필요합니다.

3부 · 현대 교육학의 도전: 환멸의 탈식민화

란차: 대담의 마지막 장입니다 선생님. 여기에서 저는 오늘날 교육자가 마주한 몇 가지 도전에 관해 질문해 보려 합니다. 오늘날 교육 활동에 참여한 분, 교육 전문가, 일반 교사, 초중고 교사, 대학 교수, 보조 교사, 부모, 조부모에 이르기까지, 한 마디로 전문가이든 비전문가이든 다양한 모습으로 교육을 담당하는 이들에게 도전이 될 수 있는 부분에 관해 이야기해 보려 합니다. 무엇보다 구체적이고 일상에서 마주할 수 있는 문제를 논하고 싶은데요. 물론, 지금까지 이야기했던 인문주의와 철학을 여전히 교육의 틀로 고수한다는 전제는 변함없습니다. 제 생각에, 오늘날 우리 교사들은 '경제 상상계' l'immaginario economico라는 덫에 걸렸습니다. 학습과 교육이 온통 경제 문제와 관련된 이 상황에서, 과연 다른 상상계를 가르칠 수 있을까요? 가능하다면, 어떤 방법이 있을까요? 교육을 출발점으로 삼는다면, 선생께서

는 탈성장 기획 내에서 교육 문제가 얼마만큼 중요하다고 보십니까?

라투슈: 우리는 교육 문제를 지성 교양, 학과목 훈련, 학습과 같은 폭넓은 의미로 이해합니다. 요컨대 카스토리아디스의 용어를 반복하면, 탈성장 기획은 '시민 형성' la costruzione del cittadino을 타당한 작업으로 여깁니다. 왜냐면 경제가 우리의 상상계를 식민화했고, 성장 사회는 이러한 식민화에 의존하기 때문입니다. 카스토리아디스나 제가 한목소리로 말하듯, 성장 이후의 대안 사회를 구축하려면, 우리의 상상력이 경제에서 이탈하는 이른바 '경제 상상계의 탈식민화' 과정을 통과해야 합니다. 따라서 여러 훈련과 학교가 이러한 과정을 위한 기본 역할을 맡는다고 할 수 있습니다.

탈성장 운동은 교육 문제를 직접 제기했습니다.[43] 학생이 어린 시절부터 탈성장 기획에 민감할 필요가 있다고 확신하는 현장 교사들은 이른 시기부터 탈성장을 교육하는 문제에 관심을 보였습니다. 탈성장 활동가 가운데 교사들이 많습니다. 그래서

---

43) Serge Latouche, *La scommessa della decrescita,* Feltrinelli, Milano, 2007; (프랑스어 원서) Serge Latouche, *Le pari de la décroissance,* Paris, Fayard, 2006.

그런지, 저는 초중고교에서 탈성장에 관한 수업 부탁을 여러 차례 받았습니다. 제가 전달하려는 내용에 아직 미성년자인 청중이 매력을 느꼈고, 이를 다른 친구에게 전달하려는 모습도 봤습니다. 교사들도 놀랐고, 저도 놀랐습니다. 아이들은 탈성장 관련 내용을 매우 폭넓게 받아들였습니다. 정말 대단했어요. 기후 변화와 탈성장 기획에 대해 우리가 미처 생각하지 못했던 부분까지 포착하는 예리함을 보여준 학생들도 있었습니다. 그래서 저는 고등학교에서 교사로 수년 동안 가르친 제 옛 제자 중 한 명과 의기투합해 『탈성장 시대』*Il tempo della decrescita* 44라는 책을 썼습니다. 이 책은 초중고 학생을 1차 독자로 전제하고 쓴 탈성장 입문서입니다.

그럼에도, 이 책에는 부분적으로 장애 요소가 있었습니다. 학생을 독자로 상정하고 탈성장 관련 주제들을 설명하는 방식을 취했지만, 교수법의 문제를 다루지 못했습니다. 청소년에게 배포할 목적으로 작성했지만, 성장을 반대하는 어른을 위한 교수법이라는 중요한 주제를 빠뜨리고 말았습니다.45

---

44) 프랑스어 원서는 다음과 같다. Serge Latouche et Didier Harpagès, *Le temps de la décroissance,* Paris, Le Bord de l'Eau, 2012. (초판) S. Latouche et D. Harpagès, *Le temps de la décroissance*, Paris, Thierry Magnier Éditions, 2010.

45) [역주] 풀어 말해, 라투슈가 표방하는 "성장 반대론자"에 속하는 성인들이 주

란차: 그렇다면, 우리는 이러한 도전에 어떻게 대응해야 할까요?

라투슈: 학교 문제로만 한정 지을 수는 없겠죠. 전 영역에서 무제한성을 추구하니까요. 이 무제한성에 기초한 성장 사회의 왜곡도덕에서 경제로의 이동을 분석하면서 문제에 접근해야 한다고 생각합니다. 또 이러한 성장 사회의 왜곡이 우리 아이들과 자유 시민의 교육에 어떤 영향을 미치는지도 서술할 필요도 있습니다. 탈성장 운동은 앞으로 새롭게 구성할 사회를 통해 이러한 왜곡을 치료하자고 제안합니다. 세상을 '다시 매력적인 곳으로 가꾸는 일'il reincanto은 우리 아이들을 염두에 둔 일이어야 합니다. 곧, 아이들의 자리에서 추진해야 할 일입니다. 우리 아이들의 미래를 훔치지 않는 길은 무엇일까요? 지금까지 어른들이 훔쳐 온 이 세계를 다시 살 맛 나는 곳으로 되돌리고, 우리 아이들을 복원된 세상에서 살 수 있도록 할 수 있는 길은 무엇일까요?

변의 아이들을 교육하는 데 필요한 내용이나 교수법과 같은 내용이 빠졌다는 말이다.

란차: 세계를 다시 매력 있는 곳으로 만들기 전에 상상계를 탈식민화해야 합니다. 그러나 우리의 상상계를 어떻게 탈식민화할 수 있을까요?

라투슈: 대안 사회를 구성하려면, [기존의] 상상계를 파괴하고 탈식민화해야 합니다. 따라서 교육이 중요하지요. 우리를 지배하는 상상계에서 탈출하려는 생각은 우리가 들어가는 길에 대한 재추적 작업을 의미합니다. 상상계의 식민화는 기본적으로 세 가지 형식을 취합니다. 교육, 매체 조작, 일상생활 혹은 구체적인 생활양식에서 이뤄지는 소비입니다. 마지드 라흐네마Majid Rahnema 46의 관찰에 따르면, "최초의 경제인은 토박이들의 공간에 침투하기 위해 두 가지 방법을 채택했습니다. 첫째는 '에이즈' 레트로바이러스의 행동을 떠오르게 하고, 둘째는 마약상의 전략을 떠오르게"47 합니다. 다시 말해, 면역 체

---

46) [역주] 마지드 라흐네마(Majid Rahnema, 1924-2015)는 이란의 외교관, 정치인, 경제학자다. 이반 일리치와 매우 가까운 사이였으며, 자발적 단순성, 가난 해방의 문제에 집중했다. 국내에 번역된 다음 책을 참고하라. 마지드 라흐네마, 『버리지 못한 가난』, 이혜정 역, 책씨, 2005.

47) Majid Rahnema, *Quando la povertà diventa miseria,* Torino, Einaudi, 2005, p. 224. (프랑스어 원서), M. Rahnema, *Quand la misère chasse la pauvreté,* Arles, Actes Sud, 2004.

계를 파괴하고 끊임없이 새로운 욕구를 창출합니다. 학교는 면역 체계의 파괴라는 중책을 담당하는 기관이 되고 말았죠. 거기에 광고는 새로운 욕구 창출의 담당자입니다. 약물 중독처럼 소비에 의존la tossicodipendenza해 살도록 해야 합니다. 몇몇 사상가들의 관점에서 확인할 수 있듯, 성장과 소비주의의 결탁은 마약만큼이나 퇴폐적인 바이러스입니다.

그리스 사람들이 말했던 '파이데이아'*paideia*나 독일 사람들이 말한 '빌둥' Bildung은 모두 교육을 가리킵니다. 이 개념들과 궤를 같이하는 교육은 아이가 한 사람의 성인, 인격체가 될 수 있도록 해야 합니다. 또 반복 숙달로 훈련된 노동자나 수동적 소비자가 되기보다 한 사람의 시민으로 성장하도록 해야 합니다. 교육의 목적은 젊은이에게 주위 환경에서 확산되는 정신적 소외의 실체를 직시하고 거기에 저항할 수 있는 수단을 제공하는 데 있습니다. 바꿔 말해, 젊은이가 세상에 맞설 수 있도록 무장시키고 세계를 변혁할 수 있는 도구를 공급하는 일을 교육의 목적으로 삼아야 합니다. 현대 사회에서 교육은 학교를 통해서만 이뤄집니다. 학교는 학생에게 기술 차원의 전문 능력을 제공할 뿐만 아니라, 학생이 자기 삶을 선택하고 성인들의 세상에 들어가는 데 필요한 인격적 성숙에 도달하도록 해야 합니다. 제도권 학교에서 기계처럼 이뤄지는 지도instruzione와 달리, 교육educazione은 제도라는 틀을 넘어 포괄적으로 이뤄지는 활동이며, 학창 시절에 국한되지 않고 평생토록 추진돼야 할 활동입니다.

란차: 이 문제와 관련해, 이반 일리치와의 대화를 다시 언급해 볼 필요가 있다고 생각합니다. 겉으로만 보면, 학교는 자유 시민들을 형성하는 기관 같은데요. 일리치 사상이 현재에도 중요하다면, 선생께서는 어떤 부분이 중요하다고 판단하십니까?

라투슈: 캐나다의 언론인 데이비드 케일리David Cayley는 일리치에게 교육에 관해 질문한 적이 있습니다. 그의 질문에 일리치는 확실한 결론을 내릴 사안이 아니라고 답했지요! 일리치는 학교 교육을 맹렬한 비판 대상으로 삼았습니다. 그는 유명한 '팸플릿' 48에서 '사회의 탈학교화' la descolarizzazione della società를 주장하기까지 했습니다. 우리도 앞에서 이 문제를 이

---

48) [역주] 일리치는 자신의 연구 결과를 논문보다 "팸플릿"이라 칭하곤 했다.

야기했었죠. 일리치는 사회의 탈학교화를 외치며 학교화학교

교육: 학교를 위시한 교육 기관의 보급으로 교육이 제한받는 현상된 현실을

강하게 비판했습니다. 제가 볼 때, 일리치의 학교 비판은 지금

도 유효합니다. 그는 교육 기관에 대해 다음과 같이 말합니다.

"대다수 사람들을 고분고분한 사람들로 훈육할 뿐 아니라, 아

예 종속시켜 버린다."[49] 학교 교육의 실패는 "불평만 습득한 견

습생"[50]으로 나타납니다. 일리치는 "학교는 소수의 사람만 높

은 생산성을 올리도록 다수를 유순한 소비자로 교육하는 사회

---

49) 인용된 일리치의 논문들—「가난을 부르는 경제 개발」, 「성 권력과 정치의식」,
「학교 교육: 헛수고」—는 이탈리아에서 이미 1973년에 아르만도 출판사에서
『제도들의 전복: 전언인가 도전인가』(*Rovesciare le istituzioni. Un messaggio
o una sfida*)이라는 제목으로 출간되었다. 일리치의 논문들을 수집한 이 책
의 원문은 1970년 뉴욕에서 『깨달음에 대한 예찬: 제도 혁명으로의 호출』
(*Celebration of Awareness: A Call for Institutional Revolution*)이라는 제목으
로 출간되었다. 이 책의 이탈리아어 번역본은 지난 2012년 『제도들을 혁명적
으로 전복하라: 의식화 예찬』(*Rivoluzionare le istituwioni. Celebrazione delle
consapevolezza*)라는 제목으로 재출간되었고, 2020년 네리 포차 출판사에서
발간한 『이반 일리치 전집』(*Opere complete*) 1권에도 수록되었다. Ivan Illich,
*Celebrare la consapevolezza. Appello a rivoluzionare le istituzioni. In Cele-
brare la consapevolezza, Opere complete. Vol. 1*, Vicenza, Neri Pozza, 2020,
p. 181. [국역] 이반 일리치, 『깨달음의 혁명』, 허택 역, 사월의 책, 2021 [2018],
169쪽 참고.

50) Ivan Illich, *Celebrare la consapevolezza. Appello a rivoluzionare le istituzioni.
In Celebrare la consapevolezza, Opere complete. Vol. 1, op. cit.*, p. 201. 다음
자료도 참고하라. Serge Latouche, *Sortir de la société de consommation. Voix
et voies de la décroissance, op. cit.* [세르주 라투슈, 『탈성장 사회: 소비 사회로
부터의 탈출』, 양상모 역, 오래된생각, 2014.

의 일부분이다"[51]라고 말을 잇습니다. 나아가 일리치에게 학교는 약물 중독입니다. 그는 "학교 교육이라는 처방약은 복용 기간이 길면 길수록 약을 끊을 때 오는 우울증도 심해진다. 중학교 1학년을 다니다 중퇴한 사람이 느끼는 열등감은 초등학교 3학년을 다니다 중퇴한 사람이 느끼는 열등감보다 더 클 수밖에 없다. 지금 제3세계의 학교는 과거 교회가 보여준 효과보다 더 강력한 아편을 제공하는 중이다[52]"라고 말합니다. 이러한 비판은 교육 기관을 서구 세계 바깥으로 수출하는 문제를 겨냥합니다. 본래의 연구 방향과 달리, 학교가 탈문화화의 매개로 작용하고, 고학력 실업자, 사회 부적응자, 좌절과 미자립 상태의 졸업생을 배출합니다만, 여전히 비공식 경제에서 성공 가도를 달리고 있습니다. 요컨대 일리치의 학교 비판은 당시의 제3세계 국가 뿐 아니라 오늘날 부유한 국가의 대도시에서 소외된 주변부 지역에까지 확장시킬 수 있습니다.

란차: 이러한 상황에서 과연 교사가 서야 할 자리는 어디일

51) Ivan Illich, *Celebrare la consapevolezza. Appello a rivoluzionare le istituzioni. In Celebrare la consapevolezza, Opere complete. Vol. 1, op. cit.,* p. 183. 이반 일리치, 같은 책, 172쪽.

52) *Ibid.,* p. 220. 같은 책, 246쪽.

까요? 이러한 사회적 비극과 재난 발생에 대한 책임이 교사에게 전가된다는 말씀이신가요?

라투슈: 물론, 온통 교사 책임이라고 할 수 없죠. 그것보다 저는 교육과 성장 사회의 연관성이 더 큰 문제라고 봅니다. 성장 사회에서 교육 기관은 교육에 매우 제한된 역할을 할 뿐만 아니라, 생산력주의와 소비주의의 명령에 휘둘립니다. 선생께서 지적하셨던 "교육 규제 완화"도 자본주의가 총괄하는 규제 완화 '기획'의 일환입니다. 교육 분야에서도 자유주의를 극단까지 몰고 가보자는 말이겠지요. 선생께서는 매력을 상실한 현대 세계에서 가족의 위기를 매우 중요한 문제로 짚으셨습니다. '이혼'이라고 언급한 사회 현상도 그 문제에 해당하겠죠. 최선이든 최악이든 교육과 밀접한 연관성을 갖는 부분입니다. 선생의 판단이 적절했다고 봅니다. 오늘날 부모는 사실상 교육 담당자로서의 역할을 포기했습니다. 공격적으로 쇄도하는 광고가 한 몫 했지요. 각종 광고는 쇄도하고, 거기에 부모는 교육을 포기하는 상태에서, 교사의 임무는 더 복잡해졌습니다. 선생의 글귀처럼, "육아가 교육educazione을 '유혹 교육'seducazione

53으로 바꿨습니다."54 우리가 아이들에게 유산으로 남겨줄 세계, 우리 아이들이 "만들어진" 세계는 폭력, 전쟁, 무자비한 경제 경쟁으로 갈기갈기 찢겨졌고, 완전히 "파괴"됐습니다. 우리 시대 사람들 대다수가 이 파괴의 장본인입니다. 이 사람들이 어떻게 우리 아이들을 건강한육체와 정신 모두 아이들로, "방향성 없이 갈팡질팡하지 않는" 아이들로 "만들" 수 있을까요?

68세대는 권위주의에 반대하는 해방 운동을 폈습니다. 이 권위주의가 신자유주의라는 새로운 자유주의의 형태로 바뀌어 인

---

53) 역주) 완벽한 번역어는 아니다. '교육'을 의미하는 단어(educazione)와 '유혹'을 의미하는 단어(seduzione)의 합성어이다. 사전에 등장하지 않는 용어이다. 다만, 두 단어의 어원 조사를 통해 가장 근접한 의미를 설명해 보면, 유혹을 뜻하는 단어의 라틴어 어원인 '세두케레'(seducere)는 "분리하다" 혹은 "제거하다"를 의미한다. 가톨릭교회에서는 의미를 더 확장해 "부패시키다" 혹은 "유혹하다"로 사용했다. '세두케레'는 유혹의 의미로 널리 알려졌는데, 본뜻은 "정도에서 이탈하다" 혹은 "자신을 빼앗기다"이다. 무언가를 유혹한다는 것은 정도에서 벗어나 우회로를 타게 하고, 의도를 담아 그의 길에서 벗어나도록 하는 일이다. 이러한 유혹의 결과 중 하나는 타인의 의도에 따라 행동하도록 유도하는 일이다. 교육도 어원 상으로는 유혹과 공통 뿌리를 가진 단어다. 교육(educare)이라는 단어에는 "일으키다, 지시하다"의 뜻을 가진 '두카레'(ducare)가 포함됐다. 그러나 교육은 유혹과 정반대의 움직임을 가리킨다. 유혹이 누군가를 의도대로 유인하는 방향이라면, 교육은 자율성을 이끌어내고, 외부로 끌어가는 방향이기 때문이다. 교육이 학생의 자율성과 외부 지향성을 이끄는 작업이 아니라, 교사의 의도 더 나아가 산업 체제와 깊은 연관성을 가진 현 교육 체제의 의도대로 진행되는 현실을 꼬집는 표현일 것이다. 자율적이고 독립적인 '시민'을 키우는 교육이 아닌, 체제의 질서에 순응하는 '노예'를 제조하는 형태의 교육이라고 말하면, 지나친 과장일까?

54) Simone Lanza, *Perdere tempo poer educare. Educare all'utopia nell'epoca de digitale*, Roma, WriteUp, 2020, p. 45.

격을 파괴했습니다. 모든 가정에서 일어날 법한 일을 하나 이야기해 보죠. 아이들 중에는 크리스마스 선물로 비디오 게임기를 사달라고 끈질기게 조릅니다. 이 모습에서 우리는 철학자 베르나르 스티글레르Bernard Stiegler가 말한 "무고한 이들의 학살"La strage degli innocenti, Le massacre des innocets을 볼 수 있습니다. 사실상 승자가 된 자유주의는 권위주의를 당당하게 심문합니다. 그러나 그 목적은 사회 전체를 유치하게 만드는 데 있죠. 선생의 책에 등장하는 "자식 이데올로기bebelogia나 자식 우상숭배bebela-tria의 승리라는 새로운 이데올로기가 만들어졌다"는 말에 동의합니다. 이러한 상황에서 주의력 상실, 사회관계망의 댓글이나 채팅에서 확인할 수 있는 공격성 발달, 패스트푸드와 같은 쓰레기 음식 중독에 따른 비만 증가 등이 결과로 드러났습니다.

청소년들은 가족과 보내는 시간보다 각종 전자 기기 화면을 보며 보내는 시간이 더 많습니다. 코로나바이러스 대유행과 맞물려, 아이들이 화면 앞에서 보내는 시간이 다시 증가했고, 아마도 다시 돌이키기는 어려울 것 같습니다. 전문가마다 전자 기기 화면 시청이 건강에 매우 좋지 않다고 입을 모읍니다만, 전자 기기 체제는 전염병 대유행을 이용해 더 강화되었습니다. '파이브 지' 5G와 함께 모든 체제가 스마트 온라인 체제가 되어야 할 판입니다. '화면들'과 큰 싸움을 벌여야 할 상황입니다. 유럽 중앙은행 총재였던 마리오 드라기Mario Draghi55가 주도한 베를루스코니 정부의 "세 가지 대문자 I" 정책컴퓨터, 영어, 기업가 정신—프랑스의 마크롱 정부도 추진 중인—에 반대하는 학교 기관 내부에서 벌어지는 싸움이지요. 이탈리아의 훌륭한 인문주의 문화 전통이 사라질 위험에 처했습니다. 부모의 권위가 위태로워졌고, 교과목 구성에서 학교의 역할이 축소됐으며, 교사의 작업을 점점 더 곤란하게 만드는 오락기구나 미디어 매체에 대한 의존도가 높아졌습니다. 교사는 더 이상 시민 양성이라는 작업에 몰두할 수 없습니다. 거대 기계megamacchina처럼 돌아가는 자본주의 체제의 소비자와 사용자를 키우는 작업에 투입됐으니 말이죠.

란차: 지금까지 논의한 내용을 두고 한나 아렌트의 자취를 충실히 따랐다고 할 수도 있을 것 같습니다. 선생님과 저는 정치와 교육학을 구별했습니다. 저는 선생님께서 말씀하신 현대

---

55) [역주] 2022년 중반까지 이탈리아의 총리를 지냈다. 은행가, 경제학자, 유럽 중앙은행 총재, 이탈리아 은행 총재 등 줄곧 금융권에서 활동했다.

판 '파이데이아'에 깊이 공감합니다. 더불어 교육의 단계를 정치적인 것과 구분해서 유지할 필요가 있다는 강조에도 동의합니다. 다만, 저는 이 단계에서 아동 보호를 위한 정치 프로그램의 실행도 필요하지 않을까 생각합니다. 선생님의 최근 서적『생활 예술로서의 검소한 풍요: 행복, 미식, 탈성장』*L'abondance frugale comme art de vivre. Bonheur, gastronomie et décroissance*을 보면, 어린이들을 대상으로 하는 광고의 점진적 감소를 법률로 고지할 필요가 있다는 주장이 있더군요. 경제 식민화에 맞서 아이들의 정신을 보호할 필요가 있다는 말과 연관된다고 봅니다. 경제 식민화에 맞서 지키고 보호해야 할 유년기 생활, 그러니까 아이들이 그 시절 아니면 누리지 못하는 고유한 생활 측면이 존재한다고 보십니까?

라투슈: 물론입니다. 하지만 그 점에 관해서는 저보다 선생께서 더 전문가이신 것 같습니다. 선생의 이야기를 더 듣고 싶군요.

란차: 우리는 점점 개인화되어가는 세계에서 삽니다. 이 세

계에서는 경제가 교육의 역할을 담당합니다. 바로 교육의 규제 완화입니다. 규칙들은 개인의 실현보다 개인의 제한 쪽에 계속 망치질을 합니다. 개인을 제한하는 쪽으로 규칙들을 사용하도록 계속 단련하는 셈이죠. 우리 교육자들은 규칙들이 개인과 집단의 발전에 도움이 된다는 사실을 잘 압니다. 그러나 학교와 가족을 비롯한 곳곳에서 벌어지는 교육의 규제 완화를 보면서, 우리는 규칙들이 제동 장치라는 것을 확신합니다. 상징 광고는 이렇게 말하더군요. "더 이상 규칙들은 없다. 바로 이것이 유일한 규칙이다." 홍보와 광고는 점점 아이들/교사들을 겨냥하면서 악덕과 미덕의 근본적인 차이가 없다고 떠듭니다. 경제 언어와 그 거룩한 우상들이 가족과 학교를 관통합니다.

전염병 대유행 직전에 집필을 마쳤습니다만[56], 교육학 성찰을 위해 지적했던 주제 가운데 하나는 전자 기기 사용 시간이었습니다. 좀 더 자세히 말하면, 전자 기기 사용 시간이 새로운 세대들을 어떻게 훈육하고 변경할 것인지의 문제를 짚었습니다. 기기 사용 시간은 영어권과 프랑스어권에서 광범위하게 사용됩니다. 그러나 이탈리아에서는 거의 언급되지 않습니다. 이탈리아

---

56) Simone Lanza, *Perdere tempo per educare. Educare all'utopia nell'epoca del digitale, op. cit.*.

소아과학회도 취학 이전 시기 아동이나 취학 아동의 전자 기기 사용에 매우 적합한 사용 지침들을 제시했습니다만, "멀티미디어 장치들"만 언급했습니다. 그러니까 가전제품, 장치, 물품 등에 국한해 이야기했습니다. 어린이의 전자 기기 활용 시간 축소를 투쟁 노선으로 삼은 우리에게 문제는 물건 자체가 아닙니다. 시간입니다. 기기를 독극물로 만드는 것은 바로 사용 시간 증가입니다. 왜냐면 사용 시간 증가는 아이의 시간 인식, 순서 지정 능력, 기억력, 집중력을 바꾸기 때문입니다. 이러한 노출은 언어 발달의 지연과 손상을 부릅니다. 지성의 많고 적음은 상대적으로 부차적인 문제가 되지요. 텔레비전, 스마트폰, 태블릿 PC, DVD, 게임기 등 많은 부분이 화면 노출 시간에 의존합니다. 화면에 집중하면서 우두커니 앉아 있는 행동이 큰 문제입니다. 이러한 행동이 깊은 주의력의 비활성화를 유발합니다. 초등학교 학생들이 주말에 어떤 체험을 했는지 이야기할 수 없는 상황이 점점 늘어갑니다. 설령 좋은 경험이 있어 이야기를 나눈다고 하더라도, 이야기를 일목요연하게 잇지 못하고 순간순간 툭툭 끊기는 현상이 잦아집니다. 기술 제품이나 담론의 문제와 관련해서 이 분야를 지지하는 관계자들이 있고, 이를 종말론처럼 끔찍하게 여기는 사람들이 있습니다. 양자 간의 토론이 치열합니다. 그러나 정작 중요한 문제는 양자의 토론 너머에 있습니다. 진짜 문제는 엄청난 교육학 차원에 있습니다. 왜냐하면 의학적 관련성에 해당하는 문제이기 때문입니다. 따라서 세계보건기구도 "24개월까지는 전자 기기 화면을 보여주지 말고, 5세까지는 성인과 함께 하루 1시간을 넘기지 말아야 한다"고 우려를 표했습니다.

물건이 중독을 낳게 되면, 그것은 독극물이나 마찬가지입니다. 비디오 게임 중독은 모든 면에서 질병으로 선언되었으며, 인간 행동의 기능 장애와 병리학적 특성을 규정하기 위해 활성 화학 물질을 추출할 필요가 없습니다. 지금 제 고민 가운데 하나가 현 시대의 기후 변화로 인해 무너지고 침수된 이 세상에서 어떻게 '긍정'을 이야기할 수 있는지에 관한 것입니다. 모두가 기후 변화의 결과들을 상상은 하지만, 실제로는 별로 체감하지 못하는 것 같습니다. 우리 아이 세대는 이 문제에 대한 주의력, 의식, 기억, 시간의 의미 등 총체적인 부분에서 공격을 받은 것 같습니다. 저는 기후 변화 자체도 문제이지만, 이를 제대로 체감할 줄 아는 역량을 공격당하는 것 역시 그에 못지않은 큰 문제라고 생각합니다. 비판 감각, 즉 사태를 고칠 수 있는 능력을 현격히 약화시키기 때문입니다. 그래서 저는 취침 전, 이른 아침 혹은 홀로 방에 있을 때 습관처럼 사용하는 전자 기기에서 벗어나는 일이 중요하다고 생각합니다. 가족들과 자유로운 시간을 회복하고, 함께 생활하고 함께 기뻐할 수 있는 共生共樂 시공간을 확보하고, 화면 보면서 이야기하는 대신, 서로의 얼굴을 보면서 대화하고 식사하는 생활을 되찾아야 한다고 생각합니다. 또 교육 기관과 부처에서도 이에 관한 분명한 입장을 취하고, 입법화를 추진하는 것도 매우 중요하다고 봅니다.

라투슈: 옳은 말씀입니다. 하지만 우리가 가는 길이 아니라서 참 안타까울 따름입니다. 컴퓨터와 가상 세계의 부정적 측면이 드러났음에도 불구하고, 이 위험한 노선을 뒤집기는 힘들어 보입니다. 비단, 어린이의 정신 건강에만 국한된 문제가 아닙니다. 시간과 우리의 관계 문제이기도 합니다. 현대인에게는 더 이상 자유 시간이 없습니다. 자유 시간의 의미가 없어졌다는 말이 더 정확하겠군요. '현재'는 '가상'이라는 영원 속에 사라졌습니다. 기대 수명이 늘었습니다만, '생생하게 살아가

는' 시간을 갖지 못합니다. 자연에 서린 이 중요한 측면과의 접촉점을 잃었지요. 유기체, 식물, 동물은 기계, 전자 기기, 디지털 장비로 대체되었습니다. 가상 세계를 위해 실제 세계가 희생된 셈이죠. 이건 위협입니다. 시간과의 건전한 관계를 회복할 때 진짜 자유 시간이 회복될 겁니다. 자유 시간의 확보는 상상계의 탈식민화를 위해 반드시 필요한 조건입니다.57 설령 우리가 대재앙을 준비하고 있더라도, 비상사태에 대한 제동 장치를 걸어두는 일은 중요합니다. 우리 자신과 아이들이 대재앙에 맞설 수 있도록 만반의 준비를 하고, 그 여파에 대해서도 대비책을 마련해야 합니다.

란차: '디지털 절제' una dieta digitale에 대한 교육과 마찬가지로, '음식 절제' una dieta alimentare에 대한 교육도 중요하다고 생각합니다. 오늘날 맥도널드 매장과 세계화가 가져온 '쓰레기 음식' malbouffe, junk food과 반대로, 좋은 음식을 섭취하는 문제에 대한 교육이 필요합니다. 당초 비만을 비롯한 각종 질병을 유발할 수 있는 음식, '빨리' 먹을 수 있다는 속도 논리에 기

---

57) Serge Latouche, *L'abondance frugale comme art de vivre. Bonheur, gastronomie et décroissance*, Paris, Rivages, 2020, p. 151이하.

운 음식인 소위 '패스트푸드'는 '좋은 삶'이라는 우리 생활의 요소를 삶의 주기와 속도라는 일면으로 바꿔 버렸습니다. 마치 벌거벗은 생명nuda vita 58처럼 말이죠. 이 음식은 상징과 생리학이라는 두 차원에 해를 끼치면서 '식사'를 칼로리 어쩌고 저쩌고 따지는 '영양' 문제로 탈바꿈했습니다. 영양 문제에 관한 선생의 성찰은 신자유주의가 인간의 문화적 측면을 파괴했다는 사실을 상기시키더군요. 제가 화면 보는 시간을 비판하면서 강조하고픈 내용은 '나쁜 음식 섭취의 습관화'입니다. 화면 앞에 앉아서 계속 먹는 모습을 아시지요? 그것처럼, 시간과 장소를 가리지 않고 나쁜 음식을 섭취하는 상황과 마치 습관처럼 이뤄지는 이 모습을 지적하고 싶습니다. 미국에 이미 널리 퍼져 있는 생활습관이 세계화 바람을 타고 온 세계에 정착하는 것 같습니다. 화면 앞에서 보내는 시간은 악순환을 유발한다고 봅니다. 화면을 오래 보면 볼수록, 음식은 더 먹게 되고, 살은 더 찌고, 피로감도 더합니다. 상대적으로 화면 앞에 앉아 있는 일 외에 다른 일을 하고 싶어 하지 않게 되지요. 제대로 식사하는 일처럼 제대로 교육하는 일 역시 사회에 중요한 과정이라

---

58) [역주] "벌거벗은 생명"(nuda vita)에 대한 최근의 연구로 조르조 아감벤의 『호모 사케르: 주권 권력과 벌거벗은 생명』(박진우 역, 새물결, 2008)을 참고하라.

고 봅니다. 그렇지 않나요? 만일 그렇다면, 식사와 교육은 산업 생산과 같은 가속화의 영역에 빨려 들어갈 수 없다고 이야기할 수 있지 않을까요?

라투슈: 그렇습니다. 저는 무엇보다 양적 차원에 의해 질적 차원이 희생된 현실이야말로 '오만' hybris의 극치라고 생각합니다. 속도와 가속화에 대한 집착과 함께 나타난 현상이지요. 부정할 수 없어요.

란차: 그러한 시각과 관련해, 저는 세계의 가속화와 세계에 대한 탈마법화가 서로를 강화하는지를 여쭙고 싶습니다. 선생님께서는 이 두 가지 현상이 어떤 관계에 있다고 보시는지요?

라투슈: 막스 베버가 묘사한 세계의 탈마법화는 근대 후기에 나타난 가속화로 인한 시공간의 분쇄 때문에 더 악화되었습니다. 사회학자 하르트무트 로자는 이 가속화로 인해 발생하는 시공간 분쇄 현상이야말로 극으로 내달리는 현대 자본주의의 작동 논리의 본질이라고 생각했습니다. 이 자본주의는 병적으

로 경쟁에 집착하지요. 자끄 엘륄의 분석에 따르면, 정보 초과나 "과잉 정보"sovrainformazione는 허위 정보로 바뀌고, 상업 광고와 정치 광고와 뒤엉키면서 결국 왜곡, 선전, 조작으로 뒤바뀝니다.[59] 그야말로 독약이라고 할 만한 일입니다. 광고를 통한 욕구의 생성이야말로 우리의 숨을 끊는 맹독입니다. 앞에서 말한 갈증이 코카콜라에 대한 욕구로 전환하는 현상 역시 그 일환이지요.

란차: 그러한 시각에서 제 생각을 더 말씀드리고 싶습니다. 저는 특정 '로고'나 상표에 대한 욕구를 유도하는 작업, 그러니까 상품에 대한 욕구를 유도함으로써 평생 지워지지 않을 어떤 흔적이 될 수 있다는 점을 염두에 두고, 너무 어린 시절부터 화면에 장시간 노출되는 문제야말로 '파괴 교육'의 역할을 한다고 보는 입장입니다. 오늘날 성별 가릴 것 없이, 모든 학생이 상품과 상표의 구별을 점점 어려워합니다. 예컨대 과일 주스와 코카콜라의 차이를 파악하기 점점 어려워하지요. 주스는 수천 가지의 다양한 방식으로 만들 수 있습니다. 그러나 코카콜라

---

59) Jacques Ellul, *Le bluff technologique*, Paris, La Hachette, 1988. 자끄 엘륄, 『기술담론의 허세』, 안성헌 역, 대장간, 2023.

는 독점 기업의 논리에 따라 생산된 사회적 욕구, 그에 부과된 광고의 투자를 거쳐 제조됩니다. 광고 조작이란 무엇일까요? 과연 이익은 화면에서 보내는 시간의 질을 어떤 모양새로 바꿀까요?

라투슈: 광고는 대중 조작을 일삼는 방식입니다. 그런데 오늘날 이 조작의 정체를 밝히는 작업은 매우 어려워졌습니다. 조작의 효과들을 규탄한들, 결과는 더 제한되더군요. 일부 매체에서는 의식적이고 체계적인 조작이 냉소주의의 정점에 다다랐습니다. 프랑스 텔레비전의 초대 회장을 역임한 파트릭 르레Patrick Le Lay는 비극적인 말로 다음과 같이 선언한 적이 있습니다. "텔레비전에 대한 담론은 다각도로 이뤄질 수 있습니다만, 상업 관점에서는 현실적이어야 합니다. 예컨대 '테에프앙' TF 160의 궁극적인 임무는 코카콜라와 같은 상품의 판매를 돕는 데 있습니다. 그러나 광고 메시지가 상식으로 자리매김하려면, 시청자의 뇌파 작동을 이용할 줄 알아야 합니다. 방송의 사명은 이러한 가용성을 창출하는 데 있습니다. 다시 말해, 시

---

60) [역주] 프랑스 최대의 민영 방송 매체다.

청자를 즐겁게 하고, 시청자의 긴장을 해소하면서, 두 개의 다른 방송 사이에 있는 시간 동안 시청자가 준비할 수 있도록[61] 해야 합니다. 요컨대 텔레비전 방송을 통한 코카콜라의 판매는 인간 두뇌의 시간을 광고에 이용하는 일입니다."[62]

조작자 본인이 조작 당하는 세상입니다. 존 르 카레John le Carr의 소설 『영원한 친구들』에도 나오는 것처럼, 우리는 더 이상 누가 누구를 조작하는지 모릅니다. 모두가 "시대정신"을 만든다고 하지만, 동시에 누구도 "시대정신"을 만들지 못합니다. 조작은 이러한 상황에서 예전보다 더 교묘하고 보이지 않는 방식으로 진행됩니다. 앞으로 조작은 우리네 생활양식의 일부가 될 겁니다. 삶에 스며든 나머지, 더 이상 떼어낼 수 없게 되리라는 말이죠.

악영향을 미치는 광고의 공격성에 대한 논의는 오늘날 조작을 일삼는 광고의 작태에 반격을 가하기 위한 출발점입니다. 또 카스토리아디스가 "소외와 텔레비전 자위행위"[63]라 불렀던 것에서

---

61) [역주] 방송 하나 끝나고 다른 방송으로 넘어가는 사이에 광고들이 쏟아지는 상황을 말한다.

62) Dichiarazione di Patrick Le Lay, presidente di TF 1 riportata in Les associés d'EIM, 2004.

63) Cornelius Castoriadis, *Une société à la dérive. Entretiens et débats* (1974-1997), Paris, Seuil, p. 194.

빠져 나오기 위한 출발점이기도 합니다. 카스토리아디스의 관찰에 따르면, "사회에서 벌어지는 모든 일은 그냥 일어나지 않습니다. 사람들은 이러한 소비 양식, 생활 유형을 원해요. 하루의 무수한 시간을 텔레비전 앞에서 보내려 하고, 집에서 컴퓨터를 갖고 놀려 하지요. 우리는 체제와 이 체제에서 수혜를 입는 산업들에 의한 단순 '조작'에 불과한 또 다른 물건들과 계속 만날 겁니다. 여기에는 모든 것이 수렴되는 거대한 움직임이 존재합니다. 쉽게 말해, 사람들은 정치에 관심을 끄고 비정치화, 개별 영역에 갇혀서 지내기를 선호합니다. 좁디좁은 '사적' 공간에 스스로 갇히는 꼴이지요. 그리고 체계는 사람들에게 그런 시간을 보낼 수 있을 각종 수단을 제공합니다. '사적' 영역에 갇혀 지내는 이들의 모습에서, 우리는 정치적 책임과 참여에서 멀어지려는 모습을 볼 뿐입니다."[64]

란차: 그럼에도, 가르치는 사람들은 미래에 대한 긍정적 시각에 항상 개방적이어야 합니다. 교사로서의 의무인 셈이죠. 다지고 가꾸기 어려운 현 상황에서 과연 우리는 무엇을 할 수

---

64) *Ibid.*, p. 189.

있을까요? 이 난관을 어떻게 헤쳐 나갈 수 있을까요?

라투슈: 조작에 조작을 거듭하면, 결국 조작이 죽게 될 겁니다. 미국 대통령 에이브래험 링컨의 유명한 속담처럼, 우리는 한 순간에도 수차례 거짓말을 할 수 있습니다. 어떤 사람은 상시로 거짓말을 하기도 하지요. 그러나 모든 사람에게 영원히 거짓말을 하기는 어렵습니다. 조작의 결정적 실패를 목도한다면, 우리에게 큰 위안이 되겠죠. 다행인지 모르겠습니다만, 정신의 완전한 식민화는 불가능합니다. 인간은 어느 정도 비판 감각을 발동해 항상 저항합니다. 조작에는 한계가 있습니다. 설령 우리 두뇌의 우반구가 식민화 되더라도, 좌반구는 여전히 남아 있습니다.

사람들은 흔히 완전히 소외됐다고 느끼거나 세뇌됐다고 느낍니다만, 실제로는 저항 감성을 완전히 상실하지는 않았습니다. 우리는 소련 체제에서 진정한 사회주의에 대한 희망을 안고 저항했던 이들을 보았습니다. 반체제 인사는 전체주의 체제에서도 존재했습니다. 저항 감성이 꿈틀댈 때, 이견과 이의 제기 등의 자리가 확보될 겁니다.

아울러, 우리 아이들이 자신만의 길을 제대로 찾을 수 있으리라는 신뢰를 거두지 말아야 합니다. 우리가 먼저 이러한 신념을 실천해야 하고요. 앞에서 이야기했던 것처럼, 한나 아렌트는 훈육과 학과 교육에서 어른이 짊어져야 할 엄청난 책임의 문제를 명확하게 짚었습니다. 아렌트는 우리 아이들이 혁명가가 될 수 있도록, '전통 교육'을 시켜야 한다고 말했습니다. 제 자식이 맥도널드 매장에 가는 것을 권위로 누른다면, 그 순간에는 안 가는 척 할지 몰라도, 언젠가는 몰래 갈 겁니다. 아이들의 그런 행동이 이상한 것도 아니고 말이죠!

우리가 자라면서 받았던 인문주의 교육 체계는 그리 악독한 방식이 아니었습니다. 이를 구식이네 고루하네 하면서 무턱대고 조롱해서는 안 됩니다. 쓰레기나 다름없는 텔레비전과 가팜GAFAM, Google, Apple, Facebook, Amazon e Microsoft에 완전히 식민화된 세상에서 인문주의 교육과 우리 아이들에게 줄 수 있는 여러 사례들 사이에 모순이 존재하지 않는다면 말이죠. 이러쿵저러쿵 말이 많아도, 오늘날 학교는 저항 가능성을 배양할 수 있는 최후의 보루 가운데 하나입니다.

란차: 학교가 저항의 교육학이나 교육학적 저항을 구축할 수 있는 장소가 될 수 있을지 모르겠습니다. 개인적으로 사람들이 지금보다 더 큰 그림을 보려 한다고 생각하지 않기 때문입니다. 과연 어떤 학교들이 진정성을 담아 미래를 바라보려 할까요?

라투슈: 확실히 그런 학교가 존재합니다. 탈성장 사회에 대해 시민을 어떻게 "제조"[65]해야 할지를 곱씹고 또 곱씹어 봐야 합니다. 우리는 현행 교육 너머로 나아가야 합니다. 우리의 교육 지향점이 단순 훈육이나 학교 교육으로 축소되지 않도록 해야 합니다. 사르트르가 말했었죠. 만들어진 것은 그렇게 중요하지 않다고요. 오히려 우리에게 만들어져 있는 것을 어떻게 만들어갈지를 고민해야 한다고요. 플라톤의 글을 보면, 도시의 벽들도 시민을 교육할 수 있습니다. 그러나 오늘날 도시는 교육은커녕 끔찍하고 이따금 영혼 없는 건물들로 즐비합니다. 광고는 공세적으로 쇄도하고, 무소부재의 신처럼 어디에나 있

---

65) [역주] 여기에서 큰 따옴표로 사용한 "제조"는 공장에서 찍어내듯이 생산하라는 말이 아니다. 교육이 배양하고 가꾸는 차원의 문제라면, 어떻게 탈성장 사회를 가꾸는 주체적이고 자율적인 시민들로 키울 수 있을 것인가를 고민하라는 뜻이다.

습니다. 매체들의 조작과 제어에 저항할 수 있는 인격 형성에 광고는 아무런 기여를 하지 않습니다.[66]

다행히도 사회 변두리에서 작동하는 여러 대안 조직이 건재합니다. 학교를 스스로 가꾸고 세워가면서 시류에 순순히 응하지 않는 운동이죠. 마르셀 모스의 글처럼, "사회주의 노동조합과 협동조합이 미래 사회의 토대"입니다. 사회주의 노동조합과 협동조합은 노동자가 자본주의 세계의 공리주의적 상상계와 단절하는 법을 습득하도록 특별한 교육 공간을 마련한 기관입니다. 물론, 제 멋대로 황금빛 미래를 그리면서 노동자를 재교육하라는 말은 아닙니다. 탈성장 사회는 사회주의와 여러 가치를 공유하면서 구축됩니다. 이 사회는 사회 구축 과정에서 사회주의 노동조합과 협동조합의 당면 과제와 동일한 과제를 만납니다. 탈성장 사회, 사회주의 노동조합, 사회주의 협동조합은 자발적 단순성을 추구하는 다양한 연대 구매 집단GAS, Gruppi d'acquisto solidale의 대안 경험에서 시민 중심의 각종 활동에 이르기까지, 우리가 의식을 하든 못하든, 평화로운 탈성장decrescita serena과 기쁨

---

66) Serge Latouche e Marcello Faletra, *Hyperpolis, architetttura e capitale*, Milano, Meltemi, 2019.

의 검소함gioiosa frugalità을 배울 수 있는 진정한 학교입니다.[67]

란차: 그렇지만, 여전히 질문이 가시지 않는군요. 만일 성장 사회에서 우리의 훼방꾼 노릇을 하는 것이 우리의 상상계라면, 과연 성장 사회에서 어떻게 빠져 나올 수 있을까요? 우리의 상상력 변화를 우리 스스로 어떻게 결단할 수 있을까요?

라투슈: 카스토리아디스도 그런 질문을 받았었지요. 한 대담에서 질문자가 그에게 물었어요. 의지가 영혼의 자유를 추구할 수 있는 출발점이라면, 자기 영혼을 위한 작업의 의미가 무엇인지를 물었죠. 저 역시 선생의 질문에 카스토리아디스의 말과 똑같이 답하겠습니다. 카스토리아디스는 이렇게 말했습니다. "물론입니다. 그렇지만, 영혼의 자유를 추구하는 출발점으로서 의지를 이야기하는 배후에는 성찰과 욕망이라는 요소가 있습니다. 우리에게는 자유로움에 대한 욕망이 있어야 합니다. 선생께서 자유로움을 욕망하지 않는다면, 결코 자유로운 존재가 될 수 없을 겁니다. 그러나 욕망만으로도 충분치 않습

---

67) [역주] 노조와 협동조합이 사회의 유의미한 지분을 차지하는 프랑스와 이탈리아의 사례에 해당하는 생각이기도 한다.

니다. 행동에 옮겨야 합니다. 의지를 부과하고 그것을 실천해야 합니다. 심사숙고를 동반한 실천이야말로 참된 자유를 욕망하는 가능성에 머물게 하지 않고 실체화하는 길입니다."[68]

필요한 변화들을 식별하기는 쉽습니다. 그리고 변화들은 "오늘 이렇게 생각하고, 내일 저렇게 생각하는" 식의 결단으로 실현되지 않습니다. 이를 자발적 결단이라 보기도 어렵고요. 카스토리아디스는 다음과 같이 말을 잇습니다. "사람들의 가족, 종교, 언어는 법률이나 칙령 같은 걸로 바뀌지 않습니다. 공포를 조장한다고 바뀌지도 않습니다."[69] 우리는 자가 변혁을 통해 몇몇 내용을 만들어 낼 수 있습니다. 그러나 사고방식과 생활양식의 변화를 꾀한답시고 강제 부과라는 방식을 쓴다면, 캄보디아의 크메르 루주적색 크메르의 경험처럼 끔찍한 결과를 낳을 수도 있습니다. 그래서 탈성장 운동을 적대시하는 쪽에서는 우리를 "크메르 베르디"[70]녹색 크메르로 낙인을 찍더군요.

상상계가 식민화된 이후로, 적은 더 깊은 곳으로 숨어들었습니다. 그렇기 때문에 응답하고 책임을 지는 인격체의 재발견이

---

68) Cornelius Castoriadis, *Une société à la dérive. Entretiens et débats* (1974-1997), *op. cit.*, p. 275.

69) *Ibid.*, p. 178.

70) [역주] 프랑스어로 "크메르 베르"(Khmer vert)다.

불가능해졌습니다. 이러한 은폐 과정은 익명으로 이루어집니다. 이런 방식으로 적이 곧 익명의 "타자들"과 동일시되었습니다. 이러한 현실은 변화를 추진해야 할 탈성장 운동 노선에 무력감으로 작용하곤 합니다. 탈성장은 현 체제의 변혁을 겨냥합니다만, '자발적 단순성'의 윤리를 택하는 독창적이고 창조적인 인격체가 오히려 탈성장 운동의 체제 변혁 의지를 저지하는 쪽으로 악용될 수도 있습니다.[71] 저는 자발적 단순성의 독려가 필요하다고 생각합니다. 다만, 자발적 단순성이 현 체제의 상상계를 뒷받침하는 토대를 뒤흔드는 데 기여할 수 있어야 한다는 전제를 두겠습니다.

오늘날 교육의 주요 과제 가운데 하나는 양적 차원에 해당하는 "조금 더"가 참살로 이어지지 않고, 외려 덜 소유하고 줄이면서 참살이에 이를 수 있다는 점을 설득하는 데 있습니다. 마우리치오 팔란테Maurizio Pallante의 관찰처럼, 우리는 "소유의 양적 차원에 해당하는 더 적다meno는 말이 삶의 질적 차원에 해당하는 더 잘 산다meglio는 말과 결코 동의어가 된 적 없는"[72] 전통에

---

71) [역주] 개인 차원의 문제에 환원시켜 "익명화"해 버리면, 체제 자체를 뒤흔들 수 있는 동력이 크게 상실된다. 탈성장 운동가들은 이 점을 경계한다.

72) Maurizio Pallante, *Un futuro senza luce? Come evitare i black out senza costruire nuove centrali*, Roma, Editori Riuniti, 2007.

서 삽니다. 이러한 전통 덕에, 비판 의식을 함양한 교육자들은 중요한 범례範例 역할을 할 수 있습니다. 또 그 역할을 해야 합니다. 우리에게는 저항 정신이 필요합니다. 그리고 손들고 이의 제기할 수 있는 용기도 필요합니다. 체제에 고분고분 따라가는 삶보다 어떤 것이 더 좋은 삶인지를 두고 고뇌하고, 저항하고, 문제를 제기하는 정신의 소유자들이 필요합니다. 따라서 기적의 조리법 따위는 없습니다. 성찰하고 행동하는 길이 최선입니다. 우리가 그리는 탈성장 사회는 "상상계의 탈식민화"를 추구합니다. 탈성장 사회를 구축하기 전에, 온갖 압제자[73]에게 식민화된 우리의 상상 세계를 해방시켜야 합니다. 즉, 상상계의 탈식민화가 선행돼야 합니다. 저는 이 작업을 '크리스토포로스의 궤변' sofisma di san Cristoforo이라 정의합니다. 크리스토포로스의 설

---

73) [역주] 우리가 지금까지 계속 검토해 왔던 성장, 진보, 발전, 부에 대한 일종의 "종교적 믿음"을 필두로, 이를 강화하는 언론, 학문, 일상 담론 등의 "선전" 작업, 편안함과 안락함에서 벗어날 수 없어 두 번째 파도, 세 번째 파도를 보는 능력을 현저히 상실하는 인간의 현실 등을 가리킨다. 라투슈는 카스토리아디스를 참고하면서 "상상계의 탈식민화"를 주창했다. 종교 용어로 다시 쓰면, 이것은 "메타노이아"(métanoïa), 즉 "회심"이다. 우리의 사고방식을 완전히 전복하지 않으면, 성장 사회의 추락과 비극은 고스란히 우리의 몫이 될 것이라는 호소다. 다음 자료들을 참고하라. Serge Latouche, *Décoloniser l'imaginaire. La pensée créative contre l'économie de l'absurde,* Paris, Libre & Solidaire, 2023 [2005]; Serge Latouche, *Renverser nos manières de penser. Métanoïa pour le temps présent, Entreitens avec Daniele Pepino, Thierry Paquot et Didier Harpagès,* Paris, Mille et une nuits, 2014.

화를 읽어보면, 아이를 업고 강을 건너는 중에 아이가 점점 무거워졌고, 알고 보니 예수였다고 합니다. 그는 마치 온 세상을 짊어진 것 같았다고 했습니다. 온 세상을 짊어졌다면, 두 발을 어디에 둬야 할까요? 그 무게를 지탱할 수 있을까요? 우리는 이러한 악순환의 고리를 끊어야 합니다. 아마도 그 작업은 가능할 겁니다. 성장 사회 자체가 자기 파멸의 씨앗을 품었기 때문입니다.[74]

란차: 말씀을 요약하니, 마르크스와 여러 혁명가가 제기했던 오래된 문제가 떠오릅니다. 우리가 훗날 남겨줘야 할 세상에서 산다면, 과연 교육자는 누구를 가르쳐야 하고 어떻게 가르쳐야 할까요?

라투슈: 불완전한 사회에서 완벽한 교육자는 존재하지 않습니다. 존재할 수도 없을 거고요. 그렇지만, 심지어 전체주의 사

---

74) [역주] 라투슈가 크리스토포로스의 설화를 바탕으로 이야기하는 부분은 이반 일리치가 달팽이의 비유를 들어 성장 사회를 비판했던 내용과 맥을 같이 한다. 달팽이는 제 몸의 16배 크기까지 껍질을 만들 수 있지만, 그렇게 되면 이동 자체가 불가능하기 때문에 어느 순간 껍질 만들기를 멈춘다. 성장의 한계선이 어디인지를 명확하게 아는 눈이 필요하며, 그 지점에서 멈추는 의지가 필요하다. 숙고와 지성, 의지가 조화롭게 작동하는 자율적 주체들의 출현이 절실하다.

회에서도 저항과 이의 제기의 공간은 존재합니다. 옛 독일 나치나 소련처럼 극단주의 전체주의는 아닙니다만, 저는 지금 우리 사회도 전체주의 사회라고 봅니다.[75] 교육자는 세상 속에 삽니다. 그렇지만, 동시에 이 세상과 거리를 둘 수 있어야 합니다. 어떻게 보면, 교육자야말로 성스러운 영역을 맡아야 하는 이들입니다. 아이들의 놀라운 잠재력을 보존하면서 이 세계를 다시금 살만한 곳으로 가꾸고 다지는 일에 속했다는 점에서, 교육자의 임무는 '사제직' sacerdozio에 준합니다. 그런 의미에서 저는 교육자의 역할은 '답변 제시' 보다 '질문 제기' 에 있다고 생각합니다. 소크라테스의 방법 아니었던가요?

란차: 작년에 우리 모두는 질병을 겪었고, 바이러스와 접촉하지 않은 모든 사람은 봉쇄 조치됐습니다. 무엇보다 저는 선생님께 과연 질병에 대한 의원병적iatrogenic[76]인 결과가 질병 자

---

75) [역주] 프랑스의 경우, 테러로 인한 비상사태의 일상화가 이뤄졌고, 불심 검문과 감시가 강화되었으며, 코로나바이러스와 맞물려 봉쇄 정책을 강행하고, 시민들의 정보를 '디지털화'하는 등 아래로부터의 민주주의와 전혀 무관한 흐름으로 가는 중이다. 라투슈의 전체주의 사회라는 지적은 타당하다.

76) [역주] 이반 일리치가 『의학의 응보』(1975)에서 분석한 내용이다. 약간의 질병에도 오로지 의사에게 의존하는 현상으로 병원이 오히려 병을 더 키우는 역설적 현상을 빗댄 표현이다. 국역본으로 『병원이 병을 만든다』(박홍규 역, 미토, 2004)를 참고하라.

체만큼 최악인지를 여쭙고 싶습니다. 그러니까 의원병적 결과들로 인해 이러한 질병을 겪지 않은 사람, 심지어 이 질병에 해당하지 않았던 사람들까지 마구잡이로 유폐시키는 일이 과연 질병 그 자체만큼 최악인지를 묻고 싶습니다. 바이러스 확산의 주요 책임자는 공교롭게도 취학 연령 아동들이었습니다.

라투슈: 모든 사람에게 결정적인 효력이 있을만한 답변은 누구도 하지 못합니다. 그렇지만, 모두에게 효력이 있을 대답에 대한 생각을 멈추지 말아야 합니다. 계속 곱씹어야 할 사안이라는 뜻입니다. 지금의 바이러스 사태와 관련해, 이유야 어찌됐든, 독재자, 관료, 전문가테크노크라트, 심지어 의료 권력까지, 민생 공동체 외부에 있는 자들이 일방적으로 행동합니다. 다양한 논의와 토론을 배제한 상태에서 일방적으로 대답을 강제 부과하는 방식은 분명 불법입니다. 하지만 대다수의 나라에서 이러한 불법이 버젓이 자행되는 중입니다.

란차: 선생님 말씀처럼, 재난이 우리에게 어떤 것을 가르친다면, 작금의 봉쇄 정책은 우리에게 인간관계의 중요성을 가

르치지 않나 생각합니다. 서로 보고 싶어 하고, 함께 있고 싶어 하고, 자연과 접촉하고 싶어 하는 사람들이 상당히 많이 있지 않습니까? 관계의 중요성은 앞에서 거론했던 선생님의 최근 저서의 중요 주제이기도 합니다.77 간단히 말해, 관계는 우리 삶에 좋은 것이며 중요한 것입니다. 또 어떤 값으로도 측정하기 어려운 것이기도 합니다. 현재 겪는 전염병 대유행 사태도 우리에게 인간관계의 근원적 중요성, 무엇보다 교육 분야에서 인간관계의 중요성을 가르치고 있다는 생각입니다. 어떻게 보십니까?

라투슈: 선생의 질문에 이미 답이 있군요. 현재의 전염병 대유행이 우리를 가르치는 부분이 분명 있습니다. 저는 여전히 희망의 불씨가 살아 있다고 생각합니다. 우리는 아직(?) 가상 세계에서 살아갈 준비가 완벽하게 되어 있지 않다는 사실을 봅니다. 그렇지만, 불행하게도 민주주의를 표방하는 각국 정부는 이러한 교훈을 배우려는 모습을 보이지 않더군요. 그저 속도 빠른 인터넷을 설치해야 한다고 한 입으로 '파이브 지' 5G에

---

77) [역주] Serge Latouche, *L'abondance frugale comme art de vivre. Bonheur, gastronomie et décroissance*, op. cit.

열광합니다. 직접 관계를 단절하고 가상 세계를 강화하려는 이 열망의 결과로, 우익 선동가들만 신났습니다. 이들은 더욱 인간다운 관계를 되찾고 싶어 하는 이들의 정당한 열망을 교묘히 이용하면서 정파의 이익을 확보하는 중이니까요.

란차: 탈성장 기획은 오늘날 교육학이 상실한 몇 가지 중요한 질문에 개방적인 태도를 보입니다. 정의를 추구하는 경향은 어떻게 보면 유치해 보이기도 하지만, 매력 있는 선물임에 틀림없습니다. 부자는 더 부자가 되고, 가난한 사람은 더 가난해지는 쪽으로 온 세상이 움직이죠. 어떤 자료를 보니, 전 세계 100명 미만의 부자의 재산이 세계 인구 절반의 재산과 맞먹는다고 하더군요. 말 그대로 '슈퍼 갑부'죠. 세상이 이따위로 갈라지는 상황에서, 정의를 신뢰하고 고수하는 쪽으로 교육하는 방법이 있을까요?

라투슈: 아마 합리적인 방향과 이유는 생각보다 많을 겁니다. 성장 경제의 논리가 압박을 더하면 더할수록, 그 반대의 욕구도 피어나게 마련이지요. 질적으로 풍성한 사회를 향한 정의

감과 욕구가 더 커질 겁니다.

란차: 선생님께서 말씀하신 관점에서 보면, 현실 세계에 대한 개방성을 유지하는 데 기여하는 탈성장 기획이야말로 신자유주의에 맞서는 인류의 투쟁을 독려하는 매우 중요한 기획인 것 같습니다. 우리 교육자에게 세계를 다시 매력 넘치는 곳으로 가꾸는 작업은 일상의 과제입니다. 이 과제 없이 우리는 교육자로서의 역할을 수행하기가 매우 어렵습니다. 엉망진창이 된 이 세계를 다시 매력 넘치는 곳으로 가꾸자는 말은 선생님의 이전 저작의 제목이기도 하지요. 그러나 동시에 이 말은 현실과 상당히 동떨어진 표현이기도 합니다. 베를린 장벽 붕괴와 신자유주의 승리 이후 반다나 시바Vandana Shiva78와 선생님처럼 '세계의 재매혹화'il reincanto del mondo를 추구한 이들이 있었습니다. 과연 지금의 교육학에 부과된 여러 과제 가운데 그 자리는 어디쯤 일까요?

라투슈: 저는 아이들에게는 세상을 매력적인 곳으로 볼 수

---

78) [역주] 인도 출신의 환경운동가, 식량 자주권 수호 운동가다.

있는 성향이 있다고 봅니다. 자연스러운 성향이라고도 할 수 있죠. 아이들은 자신을 둘러싼 모든 것, 특히 동식물과의 접촉, 어른들이 파괴하거나 진부하게 만들어 버린 이 자연과의 접촉에서 놀람과 감탄을 표현할 수 있는 능력을 갖춘 존재들입니다. 이러한 아이들의 시선을 재발견하는 일이 절실히 필요합니다. 기술경제의 논리에 찌든 우리 어른들이 이 모양 저 모양으로 찢고 부순 이 세계는 매력은커녕 환멸감만 부추깁니다. 이 환멸감에서 아이들을 보호해야 합니다. 역설적인 표현입니다만, 교사는 아이들을 매력 넘치는 세상 속으로 들어가게 함으로써, 어른들이 망쳐 놓은 환멸감 가득한 세계에 대결할 수 있는 역량을 아이들에게 배양하는 역할을 맡아야 합니다. 또 여전히 세상에 대해 감탄과 놀라움을 표현할 수 있는 아이들의 능력도 보존할 수 있도록 교육의 방향을 설정해야 합니다.

그럼에도 저는 이 '매력'이라는 말에 담긴 모호성도 의식해야 한다고 봅니다. 과학과 기술은 우리에게 놀라움을 선사하는 '매력'이 있지요. 우리 아이들도 여기에 특히 민감하고 예민합니다. 그러나 과학이 선사하는 놀라운 장면은 처음에는 매력으로 다가오지만, 실망도 동시에 안긴다는 점을 알아야 합니다. 경제가 우리 삶을 식민지로 삼은 마당에, 경제와 밀착해 움직이는 과학이 삶에 의미를 부여해주지 못하기 때문입니다. 말이야 바른말이지, 경제는 유가치한 모든 것들을 진부한 것 취급하고 구식 취급하지 않았습니까? 값으로 환산할 수 없는 가치는 무가치한 것 취급해 버렸으니 말입니다. 이것은 자기를 파괴하는 과정입니다. 단체 여행이 그러한 파괴의 사례겠지요. 낯선 이국정서를 상품화해서 선전합니다. 그리고 단체 관광객이 몰리지요. 한 무리가 훑고 간 자리에 또 다른 무리가 옵니다. 그렇게 소모하고 진부해지면, 또 다른 관광지를 발굴해 상품으로 만들어 팝니다.

란차: 따라서 교사는 매력을 잃어버린 시선을 다시 열 수 있도록 매력을 갖춰야 합니다. 순진하게 말하지 말아야 하고요. 산타클로스가 성탄절 선물을 준다는 믿음은 '선물 논리'에 근접한 매력적인 생각입니다. 저는 매우 인간적인 생각이라고 봅니다. 그러나 대다수 어른은 언젠가 자식이 진실을 알게 되리라 생각하죠. 산타클로스는 존재하지 않고, 선물은 부모가 몰래 사다 놓은 것에 불과하다는 것을 말이죠. 저는 이런 방식의 사고에 동의하지 않습니다. 오히려 부모가 선물을 가져다 놓

았다는 것을 우리 아이들이 알게 됐을 때, 값없는 선물 뒤에는 구매와 소비에 반대말인 '증여'로서의 가치가 존재한다는 사실을 깨닫기를 바랍니다. 아무런 대가 없이 그저 주는 의미로서의 선물이 존재한다는 점에서, 성탄절은 매우 중요하고 독특한 잔치가 아닐 수 없습니다. 저는 환멸감에 사로잡힌 세상에 대해 열린 마음으로 맞서려는 어른이 있어야 하고, 그러한 어른의 역할에 매우 동의하는 편입니다. 결론적으로, 선생님께서는 인간의 존엄성과 품위를 유지하는 사회를 지지하시면서, 이 사회가 불편과 수치를 배제하는 것 이상으로 행복을 쉽게 예단할 수 없다고 보시는 것 같습니다. 선생께서는 프랑수아즈 도본Françoise d'Eaubonne 79)의 "행복 보장이 전부가 아니다. 불행을 반드시 끝내야 한다"라는 멋진 표현을 사용하셨죠. 선생님의 가르침처럼, 탈성장은 모두를 위한 행복을 넘어서 우리 각자의 불편을 가능한 최소화하는 사회를 지향해야 한다고 봅니다. 요컨대 오늘날 교육자는 훌륭한 교육자가 되기 위해 행복의 의미를 질문해야 한다고 이야기할 수 있을까요?

라투슈: 물론입니다. 교육자는 탁월한 현자賢者와 같아야 합

---

79) [역주] 20세기 프랑스의 철학자, 소설가, 여성해방 운동가, 생태여성주의 이론가다. 프랑스 탈성장 운동의 선구자이기도 하다.

니다. 현자는 삶의 의미에 관해 질문을 던지는 사람이지요. 또 현자는 악으로 고통 받는 세상에서 좋은 삶으로 나아갈 수 있는 길을 짚어줄 수 있어야 합니다.

별첨 부록

1·공생공락共生共樂의 탈성장[80]

세르주 라투슈

강연에 초정해 준 '알트라파지나'에 감사 인사를 전합니다. 제 기억이 확실하다면, 저는 9년 전에도 이 자리에 참석했었습니다. 당시 아킬레[81]와 함께 사진도 찍었고, 치타 el 카스텔로 주민들과 함께 즐거운 시간을 보냈습니다. 이 자리에 다시 앉으니, 문득 이반 일리치Ivan Illich와 라이문도 파니카르Raimundo Panikkar가 생각납니다. 둘 다 깊은 우정을 나눈 진실한 친구였는데 지금은 고인이 되고 없군요.[82]

---

80) 지난 2016년 이탈리아의 페루자 인근의 치타 디 카스텔로(Città di Castello)에 있는 사상지 「알트라파지나」가 "시장 우상숭배: '경제 세계화'에서 '배제된 사람들의 회복'으로"라는 제목으로 개최한 대중 강좌에서 세르주 라투슈가 발표한 원고다. 본문의 출처는 다음과 같다. Serge Latouche, "Una decrescita conviviale", in Serge Latouche, Roberto Mancini, Marcelo Barros e Gianni Mattioli, *L'idolatria del mercato. Dalla globalizzazione economica alla riscoperta degli esclusi,* Città di Castello, L'altrapagina, 2016, p. 11-31.

81) [역주] '알트라파지나'를 이끄는 아킬레 로시(Achille Rossi)를 말한다. 그는 이탈리아의 철학자, 신학자, 교육자다.

82) [역주] 일리치는 2002년, 파니카르는 2010년에 작고했다.

방금 전에 아킬레가 소개했던 내용 중에 바로 잡을 부분이 하나 있습니다. 아킬레는 "행복한 탈성장"decrescita felice을 규정한 당사자가 바로 저라고 소개했는데요. 제게는 다소 낯선 표현입니다. 왜냐면 저는 "행복한 탈성장"이라고 정의한 적이 없고, 이 개념을 사용하지도 않았기 때문입니다. 이 표현을 만든 인물은 탈성장 운동의 동지이자 친구인 마우리치오 팔란테Maurizio Pallante[83]입니다. 행복은 복잡한 현실이고 모두에게 보장 가능하지 않은 탓에, 저는 행복한 탈성장에 대해 이야기해 볼 생각조차 하지 못했습니다. 또 "행복한 탈성장"은 제가 외치는 탈성장에 알맞은 표현이 아닌 것 같습니다. 오히려 저는 "평화로운 탈성장"decrescita serena과 이반 일리치 사상을 바탕으로 다듬고 빚은 "공생공락共生共樂의 탈성장"을 이야기했습니다. "행복한 탈성장"에 대한 정의는 응당 팔란테의 공으로 돌려야 합니다. 그는 이 주제를 깊이 고민했고, 인터넷에서도 그것의 원조를 자처

---

83) [역주] 이탈리아의 탈성장 운동가다. 삶의 질은 국내 총생산(GDP)에 달리지 않았다는 내용을 기조로 "행복한 탈성장" 운동을 전개한다. 라투슈는 팔렌테의 책 『행복한 탈성장』(La decrescita felice)의 프랑스어판 서문을 작성했다. 최근 팔란테는 전염병 대유행 사태로 빚어진 공동체 파괴의 문제를 강하게 성토하고, '지속 가능한 발전'의 사기와 허구를 폭로하는 작업에 집중한다. Cf. Maurizio Pallante, *Ultima chiamata. Cosa ci insegna la pandemia e quali prospettive può aprirci*, Lindau, 2021; *L'imbroglio dello sviluppo sostenibile*, Lindau, 2022.

했기 때문입니다.

　강연 주제 및 진행과 관련된 내용을 확인하면서 저는 왜 종교가 아니고 우상숭배인지 곰곰이 생각해 보았습니다. 왜 우상숭배일까요? 저는 꾸준히 성장 종교religione della crescita나 경제 종교religione dell' economia에 대해 이야기해 왔고, 몇 년 전에 반공리주의 사회과학자 모임인 '모스' 84에서 개최한 토론회에서도 "경제 종교"라는 표현을 사용했습니다. 당시 제 동료이자 유명한 학자그리고 가톨릭 신자인 장 밥티스트 드 푸코Jean Baptiste de Foucauld는 "종교가 아냐 세르주, 우상숭배야!"라고 하더군요. 그 후에 저는 잡지 「앙트로피아」Entropia85의 토론회에서 성장 우상숭배' idolatria della crescita라는 표현을 썼습니다. 곁에 있던 개신교 목사는 제게 "우상숭배는 언제나 타자의 종교를 말해"라고 조언을 건네더군요. 이를 테면, 무슬림들이 가톨릭 신자들을 우상숭배자라고 주장하는 식이죠.

　실제로, 종교와 경제를 엮은 책 제목이 꽤 많습니다. 수잔 조지의 『세계은행 종교』를 대표 사례로 소개합니다. 최근의 프랑

---

84) [역주] MAUSS (Mouvement Anti Utilitariste en Science Sociale).
85) [역주] 프랑스에서 발간된 탈성장과 정치생태학 전문 잡지다.

스의 한 철학자는 『거룩한 시장』86이라는 책을 썼고, 다른 학자는 『시장의 신』87을 썼습니다. 또 『자유주의의 예언자』88라는 책도 있습니다. 모든 책이 종교로서의 경제에 대한 언어유희를 담거나 "조세 피난처"paradiso fiscale를 이야기합니다. 요컨대 종교용어와 경제 용어를 밀접한 관계로 엮은 책들입니다.

성서의 레위기에는 항상 죄인들을 위해 값을 지불하라는 내용이 등장합니다. 죄를 속량하기 위한 "가격표"tariffe의 체계이지요. "동전"이라는 말의 출처는 로마에 있는 유노89 신전입니다. 종교로서의 경제 문제와 관련해, 저는 아킬레 로시가 제시한 '타락한 신학' una teologia perversa이라는 표현이 타당하다고 생각합니다. 경제 종교의 문제를 논해야 한다면, 시장에 대한 우상숭배 문제를 반드시 다뤄야 하기 때문입니다. 본 강연의 소주제가 "세계화와 배제된 자들의 재발견"인 관계로, 저는 본 강연의 첫 머리에 시장의 세계화에 대해 논하도록 하겠습니다. 그

---

86) [역주] Dany Robert Dufour, *Le divin marché. La révolution culturelle libérale*, Paris, Denoël, 2007.

87) [역주] François Dermange, *Le Dieu du marché. Éthique, économie et théologie dans l'œuvre d'Adam Smith*, Genève, Labor et Fides, 2003.

88) [역주] Kosy Libra, *Le prophète du libéralisme*, Paris, Fayard/Mille et une nuits, 2005.

89) [역주] 고대 로마의 수호신이다. 그리스 신화의 헤라와 동급의 신이다.

리고 "패자들의 복수"와 "조난자들의 행성"–공교롭게도 지난 1991년에 출간된 제 책의 제목90과 동일합니다–에 대해서도 이야기하겠습니다. 본 강연의 최종 목표는 세계화에 대한 우상숭배를 최종 목표로 겨냥합니다. 세계화를 제대로 정의한 인물은 아마도 헨리 키신저일 겁니다. 「포린 어페어즈」Foreign Affairs지와 나눈 대담에서 키신저는 세계화를 정의했는데, 저는 이것이 세계화에 대한 가장 정확한 정의라고 생각합니다. 공교롭게도 베를린 장벽이 무너진 날에 이뤄진 대담에서, "세계화란 무엇입니까?"라는 기자의 질문에 키신저는 "세계화는 미국 중심 패권 정책의 새로운 이름입니다"라고 답했습니다. 놀랍고도 완벽한 냉소주의입니다. 볼프강 작스Wolfgang Sachs가 『발전 이념의 고고학』Zur Archäologie der Entwicklungsidee이라는 책에서 설명한 것처럼, 세계화의 옛 이름은 발전혹은 개발이었습니다. 미국이 옛 영국과 프랑스의 제국 시장을 모조리 점하고, 옛 식민지들이 소련의 세력권에 들어가는 것을 막기 위해 애쓸 무렵인 1949년 당시, 트루먼의 입에서 나왔던 구호이기도 했습니다. 그 후 '발전'이라는 구호는 대성공을 거뒀습니다.

---

90) [역주] Serge Latouche, *La planète des naufragés: Essai sur l'après développement,* Paris, La Découverte, 1991.

개발 이전에는 식민화가 있었습니다. 세계화가 개발의 연장인 것과 마찬가지로, 개발은 식민화의 연장이었습니다. 이제는 문화와 종교가 되어 버린 '세계의 서구화'와 '서구 제국주의'가 큰 문제입니다. 선교사들과 상인들을 거쳐, 현재의 시장 제국주의에 도달했습니다. 시장 제국주의는 성장 사회에 대한 신격화입니다. 온 세계를 단일 시장으로 장악한 '시장 전체주의'는 더이상 확장할 곳이 없지만, 그럼에도 성장을 추구하는 사회, 즉 '성장 없는 성장 사회'를 이야기합니다. 우리는 프랑스어로 "시장들의 세계화"la mondialisation des marchés라는 정의를 사용합니다만, 사실 이 용어는 속임수입니다. 왜냐면 적어도 크리스토프 콜럼버스가 아메리카 원주민을 발견했던 1492년부터 이미 "상인들의 세계화"la mondalisation des marchands라는 표현이 존재했기 때문입니다. 이후에 그 유명한 삼각 무역과 함께, 단일 세계, 단일 시장이 존재하게 됐습니다.

1. 세계의 상품화

사실, 세계의 상품화는 참신한 표현입니다. 베를린 장벽의 붕괴 이후, 단일 사상이 승자가 되었습니다. 아킬레 로시를 비롯해 우리 모두가 입을 모아 성토하는 세계의 상품화에 돌입한 시대, 즉 신자유주의 시대의 사고가 최종 승자가 됐습니다. 우리는 시장 경제의 사회에서 삽니다. 시장 경제란 거의 모든 것이 시장인 경제, 즉 시장이 전부가 된 경제입니다. 시장을 다른 형식으로 표현하면, 자본주의 경제의 다른 이름인 성장 사회입니다. 자본주의 사회의 유일한 목적은 욕구 충족을 위한 성장이 아닙니다. 만일 그런 목적이라면, 이 사회는 매우 합리적인 사회일 겁니다. 자본주의 사회의 목적은 성장을 위한 성장, 즉 '무한 성장'입니다. 과거에 봉건주의 유럽 기독교 세계에 있던 해양 섬들과 피렌체, 베네치아, 아말피와 같은 지역을 중심으로 발생한 시장 경제가 있었습니다. 이 시장 경제는 자본주의 경제와 전혀 다른 형태였습니다. 그러나 현재 우리는 경제가 모든 것을 식세포처럼 흡입하는 시장 사회로 이행했습니다.

옛 자본주의 시장에서 산업 시장으로의 중요한 전환이 일었습니다. 증기 기관과 내연 기관의 사용과 직결된 산업 혁명은 가히 충격을 선사했습니다. 이러한 발명품들로 인해 사람들은 자연의 탁월한 선물인 화석 연료를 이용하고 채굴할 수 있었습니다. 한때, 우리는 인간의 재능으로 기술을 발명했노라고 떠들었지요. 예수 그리스도 탄생 3세기 전의 그리스인들은 말 그대로 환상적이었습니다. 만일 여러분이 아테네의 박물관을 방문하신다면, "안티키티라" 기계를 볼 수 있을 겁니다. 굳이 아테네까지 갈 필요가 없는 분들은 인터넷으로도 충분히 확인할 수 있습니다. 1930년대[91]에 사람들은 키티라 섬 인근 해양에게 해의 암초에 난파된 배에서 청동 조각상과 매우 복잡하게 구성된 톱니바퀴를 발견했습니다. 기술 전문가들은 이 톱니바퀴의 정체가 무엇인지 알아내는 데 30-40년을 보냈습니다. 연구의 결과, 이 톱니바퀴는 컴퓨터, 즉 고대 시기의 [아날로그] 컴퓨터였습니다. 이러한 유형의 공학도 증기 기관을 알았지만, 이들에게 가용한 에너지 자원은 근육 에너지, 즉 노예와 동물의 힘을 이용한 에너지였습니다. 해당 에너지가 없다면, 매우 정교하게 다듬은 기계라 해도 작동할 수 없었을 겁니다.

화석 에너지는 활용 가능한 에너지보다 20-30배 증식을 이루면서 환상의 도약을 일궜습니다. 만일 독자들이 자동차에 기름을 가득 채우면, 그것은 3년 전임 노예를 고용하는 일과 같습니다. 휘발유 값에 대해 불평하겠지만, 우리가 중국인 노동자이

---

91) [역주] 안티키티라 기계를 발견한 시기는 1901년이다. 저자의 기억 오류로 보인다.

든 누구든 노동자 1인의 품삯을 3년 동안 지불해야 한다면, 더 이상 자동차를 사용하지 않을 겁니다. 우리 사회를 움직이는 밑바탕은 노동과 기술이 아닙니다. 자연의 포식자, 즉 석유와 석탄입니다. 석유 전문가인 리처드 하인버그가 자신의 책『잔치는 끝났다』*The Party's Over: Oil, War and the Fate of Industrial Societies*에서 쓴 것처럼, "성장은 유정油井에서 나왔으며, 유정이 비었을 때 끝날 것입니다." 이 말이 옳다면, 성장은 이미 끝났습니다.

2. 잔치는 끝났다

이러한 성장 사회는 무한대에 진입한 삼중 양식으로 작동합니다. 첫 번째 양식은 재활용 자원과 재활용 불가 자원을 가리지 않고 사용하면서 무한 생산을 추구하는 '생산의 무제한'입니다. 두 번째 양식은 더 많은 소유에 대한 욕구와 인공 제품에 대한 욕망을 부추기는 무한대 소비, 즉 '소비의 무제한'입니다. 그리고 세 번째 양식은 위 두 가지 형식의 결과물인 '쓰레기의 무제한'입니다. 우리의 호흡과 관련된 문제인 대기 오염은 현재 매우 심각한 상태입니다. 대기 중에는 폐질환과 각종 악성 종양을 유발하는 입자들이 가득하지요. 또 수질 오염으로 인해 우리는 인공 산업으로 제조된 물을 마십니다. 물론 현재 지하수보다 덜 위험하다고 하지만, 이렇게 제조된 물도 위험하기는 마찬가지입니다.

제 고향 브르타뉴 지방에서는 양돈장 때문에 대수층帶水層이 오염됐습니다. 우리가 파르마 지역의 햄을 살 때, 아마도 진짜 파르마에서 제조한 햄이라고 생각합니다. 하지만 상표만 "파르마"라고 적혀 있을 뿐, 브르타뉴에서 제조된 햄일지도 모릅니다. 지하수 오염의 주범은 바로 돼지의 분뇨였습니다. 아마도 저는 브르타뉴 지역의 좋은 수질을 알았던 마지막 사람 중 하나일 겁니다. 어린 시절에 브르타뉴는 다른 지역보다 맑고 깨끗한 곳이었으며, 사람들은 이 지역의 질 좋은 포도주에 대해 이야기하곤 했습니다. 그러나 오늘날 이 모든 것은 끝났습니다. 남은 것은 산업 용수뿐이니까요. 살충제와 화학비료의 사용으로, 정도의 차이만 있을 뿐 온 세계의 땅은 오염되었습니다. 어떤 지역에서는 사막화가 진행 중이기도 합니다. 끔찍하기 이를 데 없는 현실입니다.

현실 경제의 작동에는 다음 세 가지 동력이 필요합니다. 광고, 신용대출, 계획적 진부화가 그 세 가지 동력입니다. 첫째,

광고는 이러한 비극의 핵심입니다. 왜냐면 광고의 기능은 우리가 가진 것에 대한 불만족, 즉 소유하지 못한 것에 대한 불만족을 끝없이 느끼도록 하고, 더불어 우리에게 더 많은 욕구를 유발하기 때문입니다. 세계의 광고 예산은 군비 예산 다음으로 많습니다. 투자 금액만 해도 수십억 달러에 달하고요. 두 번째 동력은 신용대출입니다. 왜냐면 광고는 욕망을 만들고, 신용대출은 욕망 충족의 수단들을 제공하기 때문입니다. 심지어 가난한 사람들에게까지 이 수단들을 마구 제공합니다. 채무 계약을 통해 소비를 돕는 자선 기관들은행이 생겼습니다. 이러한 방식은 수입도, 직업도, 재산도 없는 사람에게도 대출이 가능한 닌자NINJA: No Income, No Job, No Asset 신용대출 제도로 인해, 미국이 겪었던 역설적 한계에 도달합니다. 이들은 실직자에게 신용 대부금을 주고, 부동산 투기를 통해 주택 가치의 상승을 약속했습니다. 부가 가치 비용을 지불하고, 채무 상환도 가능하다고 떠들었지요. 이런 방식을 15-20년 동안 추진했습니다. 성장이 끝났을 때, 우리는 사변과 허구로 점철된 성장을 봤습니다. 이들은 대규모 신용 창출을 위해 마구잡이로 대출금을 풀었습니다. 결국 서브프라임의 위기가 발생했고, 리먼 브라더스가 파산하고 말았지요. 이것이 끝이 아닙니다. 또 다른 위기가 올 겁니다. 현재 경제 전문가들은 중국의 부채 위기를 예고합니다.

우리는 광고와 신용대출을 거부할 수 있습니다만, 소비의 경우는 다릅니다. 계획적 진부화로 인해 우리는 소비를 강요받기 때문입니다. 휴대전화에서 세탁기, 텔레비전에 이르기까지 최고 성능의 가전제품을 사용하지만, 2–3년 후에 이 제품들은 제대로 작동하지 않습니다. 제품을 들고 대리점에 가도 수리 불가하다는 대답을 듣거나 설령 가능해도 비용이 턱없이 비쌀 겁니다. 비용만 따지면, 차라리 새 제품을 구매하는 편이 낫습니다. 컴퓨터의 메인보드 가격만 150유로약 21만원입니다. 아마 상담원은 옛 컴퓨터를 버리고 중국에서 제조한 값싼 새 컴퓨터를 구매하라고 조언할 겁니다. 이내 사라질 귀중한 금속과 희귀 물질을 함유한 제품들을 올바른 공정을 거쳐 폐기하는 대신, 나이지리아와 감비아와 같은 국가들에 쓰레기 버리듯 폐기 처분합니다. 프랑스/독일의 아르테, 스페인의 텔레비시온 에스파뇰라, 카탈루냐의 텔레비시온 데 카탈루냐의 합작으로 만든 다큐멘터리 영화 "전구 음모"The Light Bulb Conspiracy, 2010는 불타는 플라스틱에서 다이옥신을 들이마시며 금속을 회수하려는 아이들의 모습을 보도합니다. 너무도 끔찍한 장면입니다! 다국적 기업은 제품 제조에 필요한 '콜탄' coltan을 광산에서 채취하기 위해 콩고의 부족들과 무자비한 전쟁을 치릅니다. 독자들은 휴대전화를 볼 때마다 거기에 콩고 사람들의 피가 서려 있다는 사실을 기억하기 바랍니다. 이것은 자연과 인간에 반하는 전쟁, 오히려 인간과 인간 사이의 전쟁입니다.

3. 학살 놀이

우리는 전쟁이 일반화된 세계에 삽니다. 홉스의 유명한 정식인 '만인의 만인에 대한 투쟁' 에서 인간 문명의 출발점은 바로 전쟁입니다. 그러나 뒤집어 말하면, 만인의 만인에 대한 투쟁은 서구 문명의 종말입니다. 경제학자들은 항상 자유 시장, 교환의 자유를 이야기합니다. 브뤼셀유럽연합본부에서는 중앙 정부를 거치는 굴곡의 경쟁이 아닌 자유 경쟁을 떠듭니다. 마르크스의 친구인 아우구스트 페르디난트 베벨August Ferndinant Bebel은 이미 한 세기 전에 이 문제를 제대로 파악했습니다. 베벨에 따르면, 경쟁은 "양계장 안에 여우를 자유롭게 풀어 놓는" 짓입니다. 오늘날 우리는 중국의 농촌을 유린하는 '유럽 여우' 와 이탈리아,

프랑스, 유럽의 제조업을 박살내는 '중국 여우'를 봅니다. 그야말로 학살을 놀이처럼 즐기는 시대입니다. 세계화는 세계 차원에서 벌어지는 끔찍한 파괴입니다. 그리고 이러한 파괴가 가난한 사람들 간의 전쟁이라는 점이 우리를 더욱 비참하게 합니다.

이 지점에서 우리는 업턴 싱클레어의 옛 소설 『정글』*The Jungle*을 다시 꺼내 읽습니다. 시카고에 있는 도살장의 실정을 고발한 이 책은 오늘날 세계에서 자행되는 일을 고스란히 보여줍니다. 이 소설은 최근 루마니아산 말고기를 재활용해 라자냐 가공육본래 소고기을 대체한 사건처럼, 육류와 연관된 사기극을 다룹니다. 시카고의 육류 공장들은 훌륭한 체계를 갖췄습니다. 이 공장들에는 독일 출신의 이주 노동자들이 일합니다. 이들은 급여 인상에 발맞춰 조직력을 키웠고, 급기야 노조를 결성했습니다. 이에 자본가들은 이들보다 더 저렴한 노동력을 제공하는 폴란드 출신의 이주 노동자를 고용하기 시작합니다. 폴란드 출신 노동자도 독일 노동자의 전철을 밟자, 이번에는 리투아니아 출신으로 대체합니다. 그리고 다음에는 슬로바키아, 그리고 또 다른 지역 출신의 노동자로 계속 대체합니다. 사실, 이것은 오늘날 전 세계 차원에서 벌어지는 일이기도 합니다. 현재 독일은 시리아 사람을 수용했습니다. 이들은 머지않아 리비아 사람으로, 리비아는 또다시 세네갈 사람으로 계속 대체될 겁니다. 그렇기 때문에 사회주의 정부마저도 한 세기 전 조상이 고군분투하며 일궜던 노동법과 복지 국가 체제를 무너뜨리려 합니다. 우리는 전쟁 체제에 빠졌습니다. 세계화 사회는 배제된 사람, 이주자, 변두리로 내몰린 사람, 가난한 사람을 생산하는 기계입니다. 세계화 사회는 대규모 선박을 전복시켰습니다. '전복'이라는 말에는 은유의 의미도 있지만, 이 말은 현재 지중해에서 벌어지는 상황처럼 문자 그대로 '전복'이기도 합니다.

저는 지난 1991년에 발간된 두 번째 책에 『전복 사고로 가득한 지구』*Il pianeta dei naufraghi, Bollanti Boringhieri*라는 제목을 붙였습니다. 당시 베트남과 캄보디아에서 실제 전복 사고가 있었습니다. 재난이라 칭할 정도의 대형 사고는 아니었지만, 이 사고의 시사점이 컸습니다. 오늘날 지중해 해수면에는 15,000구 이상의 시신이 떠다닙니다. 저는 세계의 3/4을 차지하는 사람들을 가리킬 은유의 표현으로 전복이라는 용어를 사용했습니다. 용어의 전통 방식에 따라 생각해 보면, 이 네 번째 세계의 첫 번째 자리를 차지하는 사람들은 부유한 나라에 거주하되 사회 변두리로 몰린 사람들입니다. 엠마우스[92]나 유사 협회들이 챙겨야 할 사람들입니다. 네 번째 세계의 두 번째 자리를 차지하는 사람은 소수 인종들입니다. 아메리카 원주민이나 라틴아메리카의 인디헤나[93]들이 대표 사례일 겁니다. 국제 연합의 추산에 따르면, 이들의 인구는 전 세계에 약 3억 5천 명에 달합니다. 세 번째 자리는 발전하지 못한 나라들로, 이들은 선진국도 아니고, 신흥국도 아닌 상태에서 비참한 현실을 맞았습니다. 세계화와 맞물려 향후 세계의 3/4은 배제된 사람, 가난한 사람의 대규모 단일체를 형성할 가능성이 농후합니다. 그리고 동시에 이들을 은폐할 수도 없을 겁니다. 쉽게 말해, 이주자의 문제와 테러리즘의 문제가 불거질 겁니다.

4. 거울 인간들

두 가지 문제들이 내밀하게 연결됩니다. 그리고 우리는 위대한 작가 제임스 러브록James Lovelock이 『가이아의 복수』에서 이

---

92) [역주] 프랑스의 아베 피에르 신부가 세운 사회복지와 재활 협회다. 프랑스에서는 전국에 상당한 지부가 있을 정도로 규모가 크다. 시민들이 기부한 중고 물품들을 수리, 재활용, 재판매하는 사업으로 일자리를 창출하고, 소비 과잉을 억제하는 등 민간 경제의 제3지대를 담당하는 역할을 한다.

93) [역주] 라틴아메리카의 원주민을 가리킨다. 세간에 알려진 '인디오'라는 표현은 모욕과 비하를 담은 용어이므로 사용에 주의가 필요하다.

야기한 상황과 마주합니다. 어머니 지구를 상징하는 말인 '가이아'를 우리는 함부로 대했고, 오늘날 그 보복을 고스란히 당하는 중입니다. 저는 이를 "거울 인간들"의 복수라고 부릅니다. 아르헨티나의 문호 호르헤 루이스 보르헤스Jorge Luis Borges가 "거울 인간들"이라 불렀던 이야기를 잠시 되풀이해 보겠습니다. 보르헤스의 글에는 거울의 반대쪽에 서서 승자들을 따라하는 벌을 받은 사람들의 이야기가 나옵니다. 몇 세기 동안 같은 양식으로 살았지만, 어느 날 거울의 사람들은 마법의 끈을 풀어 자기를 구하지요. 형태가 만들어지기 시작하고, 이들은 점차 다양한 모습으로 바뀝니다. 이들은 더 이상 우리를 모방하지 않으며, 유리와 금속 장벽을 부숩니다. 이제 정복된 삶을 살지 않습니다.

이란의 문호 다르비슈 샤예간Darwish Shayegan은 이 부분을 예언자의 주장이라는 말이라 평했습니다. 우리는 더 이상 너희의 거울이 아니라는 선언과 함께 타자들의 반격이 시작되었습니다. 우리는 곧장 '대항 테러리즘'을 떠올립니다. 이탈리아의 기자 티치아노 테르차니Tiziano Terzani는 '테러리즘'이 아닌 '대항 테러리즘'controterrorismo이라고 말해야 한다고 주장합니다. 왜냐면 현재 우리가 테러리즘이라 말하는 것은 서구의 테러리즘, 시장 전체주의, 서구 경제의 테러리즘에 대한 응답이기 때문입니다.

오늘날 프랑스는 이슬람의 급진화la radicalizzazione dell'islam를 이야기합니다. 그러나 정치 전문가인 올리비에 루아Olivier Roy는 우리가 급진주의의 이슬람화l'islamizzazione della radicalità에 직면했다고 주장합니다. 왜냐면 프랑스의 테러리스트들은 프랑스인의 자식이자 프랑스인이기 때문입니다. 도서관에 난입해 아무에게나 총기를 난사했던 미국의 비이슬람 테러리스트와 같은 상황입니다. 현재 우리는 급진주의자를 낳는 사회, 더 이상 삶의 의미를 발견하지 못하고 삶의 뿌리까지 뽑힌 이를 생산하는 사회를 만들었습니다. 미래를 잃은 이 젊은이들은 언제든 자기 몸을 초개처럼 던질 준비가 된 상태입니다. 그런 젊은이들이 급진주의 이슬람과 만났고, 거기에 사로잡혔습니다. 왜냐면 급진주의 이슬람은 이들의 자살에 의미를 부여하기 때문입니다. 거듭 강조하겠습니다. 현재 우리는 매우 끔찍한 '대항' 테러리즘에 직면했습니다.

그러나 배제된 사람들만 있는 것이 아닙니다. 다른 대안도 존재합니다. 제 책 『다른 아프리카: 증여와 시장 사이에서』L'altra

*Africa tra dono e mercato*는 이 문제를 연구했습니다. 아프리카에 방문했을 때, 저는 배제된 사람들의 자가 조직화 양식들을 보았습니다. 이들은 불안정한 상황에서도 대안 사회를 재구성할 수 있었습니다. 몇 년 후에 저는 세계화 문제와 맞물려 이 논제로 되돌아왔습니다. 그리고 '다른 아프리카'도 세계화의 위협에 시달리는 모습을 보았습니다. 30년 전에 아프리카에 갔을 때, 사막화에 맞서 투쟁 단체를 결성하고 운동에 투신한 청년 조직이 있었습니다. 특히 부르키나파소가 이 운동가들의 구심점이었습니다. 농촌 문제의 전문가인 베르나르 레데아 우에드라오고Bernard Lédéa Ouedraogo는 청년 협회를 재편하고 '나암' Naam이라는 운동 단체를 결성했습니다. 이러한 경험에 대해 대통령인 토마 상카라는 "베르나르, 당신은 '무기도, 눈물도 없는' 혁명을 일으켰군요"라는 찬사를 전했습니다. 너무도 아름다운 표현입니다! 그러나 결국 모두가 사라졌고, 상카라는 살해됐습니다. 지난번에 다시 아프리카에 갔을 때, 저는 더 이상 사막화에 맞서 싸우려하지 않는 젊은이들의 모습, 운동 조직 결성에 무관심한 모습, 단지 유럽에 올 생각에 관련 문서들만 찾아다니는 이들의 모습을 봤습니다.

아프리카 사람들은 세계화 시대의 도래와 더불어 더 이상 가난한 사람들이 아닌 것처럼 보입니다. 아프리카는 경제적으로 존재하지 않았습니다. 국내 총생산 2% 미만 지역이었으며, 이 2%의 대부분을 나이지리아산 원유가 차지했습니다. 결국 8억의 아프리카 사람들에게는 아무것도 없었습니다. 이들은 공식 경제의 바깥에서 살지만, 그렇다고 이들이 악조건에서 사는 것은 아닙니다. 불과 30년 전만 해도 수도나 대도시에만 존재했던 매체들이 오늘날에는 곳곳에 생겼습니다. 작동 상태가 항상 양호하지는 않을지언정, 외진 곳에 사는 사람들까지 너나할 것 없이 휴대전화를 소유했습니다. 아프리카 사람들은 상상계의 식민화 la colonizzazione dell' immaginario로 말미암아 서구 세계의 방송, 텔레비전 연속극, '리얼 쇼' 등을 시청합니다. 이들은 유럽과 미국을 낙원으로 여기며 더 이상 생존을 위해 아등바등하며 살 필요가 없다고 생각합니다. 우리는 이들에게 강력 범죄를 범했습니다. 즉, 우리는 각종 매체들로 이 대륙 사람들의 삶의 의미를 파괴했습니다. 오늘날 강대국들의 '토지 횡령'과 약탈이 벌어지는 불모지에서 아프리카인들은 더 이상 투쟁하는 삶을 원하지 않습니다. 매우 심각하고도 끔찍한 일입니다. 아마도 독자들은 이들이 왜 유럽행을 원하는지 이해할 수 있을 겁니다. 이주자들과 지중해에서 침몰한 배에 올랐던 사람들에 대한 책임은 바로 우리에게 있습니다.

따라서 다른 사회를 구축하겠다는 이념의 배양이 필요합니다. 다른 아프리카l' altra Africa라는 메시지는 중요합니다. 경제 바깥에서의 생존 가능성을 보여주기 때문입니다.

5. 다른 사회의 구축

우리는 생존을 위해 경제에서 빠져나와야 합니다. 경제에서 빠져나와야 한다는 말은 무엇보다 경제 종교, 경제 우상숭배를 포기하고, 서구 패러다임의 한 가운데 있는 타락한 신학과 결별해야 함을 의미합니다. 다시 말해, 우리는 무제한, 과잉과 같은 말에서 탈출해야 합니다. 모든 것에 제한을 두지 않은 결과, 이제 윤리까지 파괴하는 상황을 맞았습니다.

우리는 자연과의 관계에서 과잉의 의미를 재발견해야 하며, 고대 시대의 전언들을 맞아들이고, 데카르트와 베이컨, 그리고 인간을 자연의 주인으로 여기는 시각들을 극복해야 합니다. 인간은 자연의 주인이 아닌, 자연의 일부입니다. 우리는 신이 된 경제와 성장을 부정하는 무신론자가 돼야 합니다. 그러니까 경제 무신론자, 성장 무신론자가 돼야 합니다. 탈성장을 위한 탈성장은 '터무니없는' 말에 불과합니다. 마찬가지로, 성장을 위한 성장도 터무니없는 말일 뿐입니다. 무신론이라는 용어에 걸맞은 용어는 아마도 무성장acrescita일 겁니다. 지금 우리는 각종 매체들의 지배를 받는 사회에서 삽니다. 그렇다면 이 매체들의 속임수도 역이용할 줄 알아야 합니다. 수많은 노동자들을 죽음으로 내몬 기업인 '에테르니트' ETERNIT의 책임자이자 토리노 법정에서 유죄 판결을 받은 범법자가 고안한 '지속 가능한 발전' lo sviluppo sostenibile이라는 구호에 맞대응하여, 우리는 다른 구호를 사용해야 합니다. 지속 가능한 발전이라는 구호는 훗날 마거릿 대처의 '대안은 없다' TINA, There Is No Alternative라는 공식으로 다듬어 졌습니다. 신비주의로 현혹하는 이러한 구호들에 맞서, 우리는 지성과 대안을 겸비한 구호를 내걸었습니다. 바로 '탈성장' la decrescita, la décroissance입니다.

불행하게도, 우리는 '죽자고 일하는' 정신 나간 세상에서 삽니다. 만일 화성인이 지구에 온다면, 하루 열두 시간을 미친 듯이 일하는 사람들이 수도 없다는 사실과 그 반대로 실직으로 일할 수 없는 사람도 셀 수 없이 많다는 사실에 깜짝 놀랄 겁니다. 어떤 사람은 지금보다 더 많이 일해야 한다고 주장하기도 하지요. 그러나 일자리가 없습니다. 부조리한 상황이 아닐 수 없으며, 우리는 이 부조리의 근원을 알아내야 합니다. 저는 성장 사회에 대해 비판적으로 이야기했습니다만, 성장이 끝났다는 사실을 모르는 사람들이 너무도 많습니다. 이것은 마치 수백만 광년 떨어진 별들과 같습니다. 이 별들은 이미 죽은 별들이지만, 우리는 그 빛을 봅니다. 성장도 마찬가지입니다. 1970년을 전후로 성장은 이미 끝났습니다. 그러나 성장 사회는 아직도 죽지 않았습니다. 오히려 그 어느 때보다 더욱 강력해졌습니다.

우리는 성장 없는 성장 사회에 삽니다. 바로 이것이 역설입니다. 성장을 수반한 성장 사회에서 우리는 일자리는 창출했을지 몰라도, 환경을 파괴했고 자원을 고갈시켰습니다. 영광의 30년의 눈부신 성장은 우리의 염원인 복지 국가의 성장을 약속했습니다. 그러나 좌/우파 막론하고 정부들마다 복지 국가의 성장은커녕, 공공복지를 박살냈습니다. 각 정부들이 이렇게 복지를 파괴한 이유는 성장 신화에 얽매인 나머지 성장 사회를 탈피하려하지 않기 때문입니다. 일례로, 이탈리아 총리 마테오 렌치와 프랑스 대통령 프랑수아 올랑드는 입만 열면 성장 타령입니다.[94] 그러나 통계 분야 전문가들이 내놓은 결과에 따르면, 성장률은 0.4~0.5%에 그칠 전망입니다. 모두가 아는 것처럼, 오차 범위가 이 수치보다 더 높습니다. 3~4%의 성장률은 유의미하겠으나 그 안쪽은 무의미합니다. 1970년대 성장의 종말 이후, 우리는 또 다른 30년의 신화를 보존하는 데 성공했습니다. 프랑스에는 "영광의 30년 이후, 불쌍한 30년이 도래했다"라는 말이 회자됩니다. 소득은 상승했지만, 그만큼 성장에 요구되는 비용이 더욱 높아졌습니다. 참다운 "기적"이라 불린 성장의 30년에 대한 향수에 젖은 행복감을 유지하는 데, 사실 우리 모두가 공범이나 마찬가지입니다.

지난 20년 동안 미 연방준비제도이사회 의장으로 재직한 앨런 그린스펀은 성장의 환상을 유지하기 위해 신용의 무한대 생산을 강요했습니다. 신용이 세계 생산의 열여섯 배에 달하는 전례 없는 일이 벌어졌습니다. 그러나 부자들은 더 이상 "먹을 게" 없었습니다. 이미 다 갖고, 다 먹어 치웠기 때문입니다. 따라서 돈을 생산하기 위해 돈을 사용했고, 그렇게 생산된 돈은 부자들의 권

---

94) [역주] 라투슈의 본 강연은 2016년에 이뤄졌다. 강연 당시 두 국가의 수장을 거명한 것이다.

력 상승을 낳았습니다. 어마어마한 빚을 지면서까지 이 성장 없는 성장 사회를 작동시키기 위해, 국가도 빚더미에 올랐습니다. 오늘날 미국 시민들은 3년 동안 번 돈을 모두 소비하고, 채무 상환을 위해 시민이든 국가든 점점 더 많은 돈을 지불해야 합니다.

국가 소득의 분배가 이뤄지는 방식을 확인하는 것만으로도 충분할 겁니다. 전후戰後 시대에 채무 상환, 즉 이자 상환에 해당하는 부분은 거의 '영'0이었습니다. 그러나 향후 국내 총생산의 10%를 차지하게 됩니다. 국내 총생산의 10%는 급여의 열 배에 살짝 모자란 비율입니다. 이를 위해, 우리는 긴축 정책을 강화해야 합니다. 그야말로 악순환입니다. 처방전은 다음과 같습니다. 급여를 점차 줄여야 하며, 노동 불안정을 유도해야 합니다. 따라서 비용은 낮아지고, 가난한 사람들 사이에 경쟁의 불꽃이 튀고, 실업은 만연합니다. 우리는 성장 사회의 신화를 이탈해야 합니다. 왜냐면 더 이상 성장 사회에서 살아야 할 이유가 없어졌기 때문입니다. 우리는 성장 없이도 유지 가능한 미래를 고안해야 합니다. 우리는 환경의 파괴와 원유 고갈의 임박에 대해 잘 압니다. 이미 엄청난 파괴를 자행해 왔다는 사실을 인정한다면, 이 낭비 체제에서 벗어나야 할 이유는 차고 넘칠 겁니다.

6. 상상계의 탈식민화

우리는 "충분"하다고 말해야 하고, 상상계를 탈식민화하는 쪽으로 방향을 전환해야 하며, 성장과 경제의 무신론자가 되어야 하고, 다른 사회를 창조해야 합니다. 그러나 아무도 이를 독려하지 않습니다. 만일 우리가 텔레비전과 냉장고를 2-3년마다 교체하려 하지 않는다면, 조금 덜 가졌을지언정 더 나은 삶을 살 수 있을 겁니다. 생활에 필요한 양질의 물품 하나면 족할 겁니다. 실업자들과 일자리를 나누기 위해 더 적게 일하고, 이들에게 필요한 것을 생산하며, 지금보다 질 좋은 제품을 생산해야 합니다. 우리 사회의 크나큰 비극인 실업 문제를 해결하려면, 우리의 활동을 재지역화relocalizzare하고, 집약 농업에서 벗어나 영속 농업/퍼머컬쳐permancultura 95, 생체 역학, 생물학 농업을 확대해야 합니다. 우리는 더욱 건강하고 질 좋은 것을 생산하게 될 겁니다. 탈성장은 금욕주의가 아닙니다. 잘 먹는다는 말은 사람을 비만으로 만든다는 뜻이 아니라, 건강한 음식을 섭취한다는 뜻입니다. 이와 맞물려, 우리에게는 노동 시간의 축소도 꼭 필요합니다. 이미 필연이 된 '탈세계화'를 구현하려면, 우리는 전 지

---

95) [역주] 인위적인 농약 및 제초제 살포를 통해 토질을 악화시키는 농법이 아닌, 자연의 흐름에 맞춘 농법을 가리킨다.

구 차원에서 자행되는 이 학살의 경기장을 벗어나야 합니다. 많은 사람들이 자유무역을 통해 중국에서 저가 휴대전화를 제조할 수 있다고 생각합니다. 그러나 일자리를 잃은 사람들은 전화기 살 돈조차 없습니다. 우리 모두는 실업자입니다. 가장 낮은 가격으로 생산하겠다는 말에는 노동과 소득을 파괴하겠다는 뜻이 숨어 있습니다. 우리는 이 악몽에서 깨어나야 합니다. 우리에게는 현실 정당들과 다른 형태의 정치 주제가 필요합니다. 그러나 현실 정책은 견고하고 단단한 구조들의 소산입니다. **세계를 지배하는 진짜 권력은 경제금융 과두 계급의 손아귀**에 있습니다. 2,000개 넘는 초국적 기업이 대변하는 이 권력은 다보스[96]와 빌데르베르흐[97]에서 모여 결의를 다지고, 세계의 모든 정부들을 꼭두각시로 부리려 합니다. 우리는 세계를 쥐락펴락하는 권력자들의 문제와 더불어 체제의 문제도 다뤄야 합니다. 문제 삼아

---

96) [역주] 세칭 '다보스포럼'이라 불리는 '세계경제포럼'(World Economic Forum)이 열리는 곳이다. 클라우스 슈밥(Klaus Schwab)을 필두로 세계 정재계와 언론계의 주요 인사들이 여기에 속해 있다.

97) [역주] 유럽과 미국을 위시한 거부들의 극비 회의를 가리킨다. 외교협회(CFR), 삼극위원회와 더불어, 세계 경제를 주도하는 조직이다. 1954년 네덜란드 빌데르베르흐에서 1차 회의가 열렸기 때문에, '빌데르베르흐 클럽'(Club Bilderberg)이라 불린다. 전 세계의 150명 안팎의 극소수가 모여 세계의 경제, 정치 문제를 토의하며, 그 효력은 국제연합을 상회한다. 회의 내용은 극비이며, 공식 취재도 불가능하다. 국내에 소개된 다음 서적을 참고하라. 다니엘 에스툴린, 『빌더버그 클럽: 세계를 움직이는 보이지 않는 손』, 김수진 역(랜덤하우스코리아, 2008).

야 할 부분이 첩첩산중疊疊山中입니다. 최근에 반대자들에게 대중주의자populista라는 소리를 듣는 반체제 운동이 고개를 들었습니다. 학살의 정치극을 이탈하려는 긍정적인 대중주의populismo도 존재할 수 있습니다. 스페인의 정당 '포데모스'98의 선전은 중요한 경험입니다. 다만 진정한 변혁에 이르려면, 지지율 80%에는 도달해야 합니다.

그리스인들에게 기준의 의미는 매우 중요했습니다. 저는 민주정 시절의 아테네에 도편 추방제가 있었다는 사실을 항상 잊지 않으려 합니다. 한 시민이 권력에 너무 목마른 나머지 '오만방자하게' 행동할 경우, 그를 위험인물로 지적해 공동체에서 축출했습니다. 우리는 특정한 기준에서 이러한 전통의 후계자이지만, 상징적으로는 이 전통을 포기했습니다. 17세기를 기점으로 윤리에 중요한 전환이 일었습니다. 『꿀벌의 우화』를 쓴 작가이자 당대의 혹독한 비평가로 유명했던 버나드 멘더빌이 그 전환의 선봉장이었습니다. 그의 메시지는 간단했습니다. '우리는 규율, 미덕, 엄격함, 기독교 윤리를 옹호할 뿐 아니라, 에피쿠로

---

98) [역주] 스페인어로 '우리는 할 수 있다'를 뜻하는 '포데모스'(podemos)는 2014년에 창당한 스페인의 극좌 정당으로 좌익대중주의, 민주사회주의, 대안세계화 등을 표방한다. 2018년에 당원 가입자가 50만 명을 넘었다. 당원 숫자로는 현재 스페인의 제1정당이다. 스페인 상원에 2석, 하원 30석, 유럽의회에 5석의 의석수를 확보한 정당이다.

스의 윤리까지 옹호함으로써 잘못된 길을 택하고 말았다. 우리는 모든 악덕을 장려해야 한다. 왜냐면 개인의 악덕이 공공의 풍요를 구현하기 때문이다.'

매일 접하는 경제가 이를 증명합니다. 또한 이를 제대로 이해한 인물은 이탈리아의 풍요를 위해 가능한 모든 악덕을 자행하려 했던 베를루스코니입니다. 맨더빌은 다음과 같이 설명했습니다. 아킬라 지방의 지진은 호기好期입니다. 왜냐면 지진 이후 재건 사업을 벌일 수 있고, 부를 재창출할 수 있기 때문입니다. 범죄 행동들도 부의 상승을 낳습니다. 보안 도구와 안전장치를 갖춰야 하기 때문입니다. 애덤 스미스도 이를 파악하고, "보이지 않는 손"을 언급하면서 명확한 교훈을 도출하려 했습니다. 내가 좋은 밥상을 접했다면, 그것은 정육점이나 밥 짓는 사람의 관대함 때문이 아닌, 이들의 이익과 탐욕 때문이라는 말이지요. 사실, 아예 틀린 말은 아닙니다. 그러나 그 지점에서 우리는 한계의 의미를 포기해야 하고, 탐욕과 이익을 키워야 하는 상황을 맞지요. 기업가는 공익을 충족시키는 방향이 아닌, 이익 추구, 즉 사익을 따르는 존재가 되고 맙니다.

우리는 아이들에게 무엇을 가르쳐야 할지를 곱씹어 봐야 합니다. 보코니대학교 경제학자들은 "탐욕은 좋은 것"greed is good이라고 말합니다. 예수의 산상 수훈을 적용하면서 살려는 사람들은 이내 실패하고 말 것입니다. 왜냐하면 사업을 원하는 사람들은 탐욕의 법칙에 따라 살아야 하기 때문입니다. 심지어 교회도 근대성 자체와 근대성으로 점철된 세계를 맞아들이면서 이 법칙을 수용했습니다. 토리노의 카라냐노 극장에서 교황의 회칙 「발전은 평화의 새 이름」을 중심으로 열린 토론회에서 저는 "개발은 전쟁의 새 이름"이라고 주장한 적이 있습니다. 교회는 자기 시대에 적응하려 했고, 경제 성장 문제를 규탄할 수 없었습니다. 그리고 현재 우리는 그 결과를 목도하는 중입니다.

7. 기준의 의미를 재발견하라

이반 일리치의 말처럼, 우리는 기준의 의미를 재발견해야 합니다. 절제를 삶에서 실천하고, 훈련할 필요가 있습니다. 저는 무엇보다 **'기술 단식'** tecnodigiuno의 실천이 시급하다고 생각합니다. 기술 단식이 필요한 이유는 단순히 기술 자체가 나쁘다, 타락했다는 식의 생각 때문이 아닙니다. 현대인이 기술 도구들에 '중독에 준할 정도로 지나치게 의존' tossicodipendenti하기 때문입니다.

　기술이 우리에게 유용하다면, 좋은 일입니다. 그러나 그렇지 않다면, 우리는 기술의 노예로 전락할 수도 있습니다. 실제로, 체계sistema는 항상 새롭고 인위적인 욕구들을 생산합니다. 그리고 이 체계의 진행 방향은 언제나 전진前進입니다. 과거에는 컴퓨터 없이도 좋은 삶을 살 수 있었지만, 지금은 불가능합니다. 또 휴대전화 없이도 얼마든지 좋은 삶을 살 수 있었지만, 오늘날에는 이 역시도 불가능합니다. 이러한 이야기를 꺼낸 이유는 기술을 사악한 도구로 봐서가 아닙니다. 기술에 대해 이 정도로 과격한 언급을 하는 이유는 거두절미하고 인간의 자율성을 확보하는 공간을 마련하기 위해서입니다. 휴대전화를 소재로 이야기를 이어나가보죠. 물론, 컴퓨터를 비롯한 다른 기기들을 언급할 수 있겠습니다만, 이 자리에서 깊게 논하지는 않겠습니다. 다만, 제가 근무했던 대학교에서도 컴퓨터를 강제로 사용해야 했고, 컴퓨터를 통하지 않고는 학과 사무실과 접촉조차 불가능했다는 점만 언급해 두겠습니다.[99] 다시 휴대전화로 돌아오죠. 이

---

99) [역주] 라투슈와 마찬가지로 기술 체계화의 문제를 비판하는 사람들(특히, 자끄 엘륄)은 다양한 소통 방식과 접촉 방식을 창출한다고 선전하는 기술담론의 허세를 들추고 기술을 통해서만 소통하고 접촉하는 획일적 삶을 유도하는 기술 전체주의를 비판한다.

탈리아는 프랑스보다 휴대전화를 먼저 사용한 나라입니다. 저는 종종 이탈리아를 방문하는데요. 한 번은 휴대전화의 폐해를 제대로 경험한 일이 있습니다. 어느 날 식사를 하려고 이탈리아의 한 식당에 들렀습니다. 제 옆 자리에는 휴대전화로 연인과 통화 중인 한 여성이 있었습니다. 식당의 모든 사람들이 통화 내용을 쉽게 알 수 있었습니다. 사람들은 이 사람의 통화를 불쾌하게 여겼습니다. 저 역시 휴대전화가 어떻게 사생활을 침해하는 도구가 되는지를 봤고, 그 덫에 걸리지 말아야겠다고 결심했습니다.

보다 급진적인 성장 반대론자들은 '상상계를 식민화'하는 도구라는 이유로 텔레비전 사용을 거부하기도 하고, 냉장고와 세탁기 사용을 중단하기도 합니다. 디오게네스는 탈성장의 선구자였습니다. 어느 날 손으로 음료수를 마시는 한 아이의 모습을 본 그는 더 이상 잔 따위는 필요 없다고 여겨 그 즉시 잔을 깨뜨려 버릴 정도로 급진적이었습니다. 이러한 탈성장의 선구자들을 일일이 나열할 생각은 없지만, 여기에서는 몇몇 선구자들의 이름을 알리는 정도로 마무리하도록 하겠습니다. 먼저 모국 이탈리아보다 이웃 프랑스에서 더 유명한 인물인 란차 델 바스토

Lanza del Vasto가 있습니다. 그리고 성장 자체를 조준했던 언론인 알렉산데르 란제르Alexander Langer가 있으며, 세베조 지역의 염소가스 누출 사건에 격렬하게 투쟁했던 라우라 콘티Laura Conti도 대표적인 탈성장 운동가입니다.

정치경제학을 날카롭게 비판하는 마르크스의 논제들은 여전히 타당합니다. 하지만 마르크스는 경제학 자체에 대한 비판을 끝까지 밀고 나가지 못했습니다. 창밖으로 내던겼던 경제주의가 마르크스주의와 함께 되돌아왔지요. 우리는 마르크스를 뛰어넘는 마르크스주의자가 되어야 합니다. 왜냐면 마르크스주의에는 생태학 차원이 빠져 있기 때문입니다![100]

마지막으로, 저는 종교계 인사들이 용감하게 발언하는 모습에 기쁨을 감출 수 없습니다. 어떤 이는 지속 가능한 발전이라는 표현에 성장의 다른 얼굴이 숨어 있다고 말하고, 또 어떤 이는 지난 몇 십 년 동안 조성된 탐욕과 무책임으로 뒤엉킨 성장과 마주해, 느리게 사는 법을 사유해야 한다고 주장합니다. 또 소수이기는 하지만, 어떤 이는 합리적인 한계들을 설정하고 더 늦

---

100) [역주] 최근의 생태 문제와 맞물려 마르크스주의에서도 마르크스와 생태 문제를 조명하려는 시도가 있다. 『고타강령비판』을 비롯한 마르크스 후기 저작과 미간행 저작들을 중심으로 마르크스의 생태 사상을 이야기하기도 한다.

기 전에 시대를 뒤로 물려 과거로 되돌아가야 한다고 주장하기도 합니다. 타 지역의 건강한 '성장'을 위해, 세계의 또 한 지역에서 '탈성장'을 수용하는 순간이라 하겠습니다. 교황 회칙 「찬미 받으소서」*Laudado Si* 43항에서도 확인할 수 있는 내용입니다. 이 자리를 빌어 프란치스코 교황께 감사의 말씀을 전하고 싶습니다!

2 · 전염병 대유행 이후[101]

세르주 라투슈

'예전과 같은 삶은 더 이상 불가능할 것이다.' 언론마다 연일 이 소리만 되풀이한다. 전염병 이후의 세계는 좋은 삶, 미식 조리, 탈성장 생활양식 등과 같은 기존 개념들을 모조리 전복해 버릴까? 필자는 이 글을 봉쇄 조치 발령과 해제 사이에 작성했다.[102] 코로나 19가 아닌 다른 종류의 악성 바이러스 때문에, 필자는 몇 개월간 고통에 시달렸다. 후두 좌측의 마비 증세로 인해 무기력함과 심한 통증을 동시에 겪었다. 본문의 논조가 독자

---

101) Serge Latouche, "Épilogue. Après la pandémie", in *L'abondance frugale comme art de vivre. Bonheur, gastronomie et décroissance,* Paris, Éditions Payot & Rivages, 2020, p. 157176. 이 글은 라투슈가 기고한 두 편의 기사를 수정, 보완했다. 다음 기사를 참고하라. Serge Latouche, "Coronavirus et décroissance", in *La Décroissance,* nº 169, 2020; "Relocalisation", in *L'Humanité,* 17 juin 2020.

102) [역주] 프랑스는 2020년 3월 17일부터 5월 10일까지 전염병 대유행에 따라 제1차 봉쇄령을 발동했다. 라투슈는 이 시기에 본문을 작성했다.

들에게 어떤 느낌으로 다가갈지 말하기조차 어렵다. 고통스러운 시간을 겪으며 행복에 관한 글을 쓴다거나, 위장에 관을 연결해 음식물을 주입하면서 좋은 음식에 관한 글을 쓰는 일은 나날이 쇠약해지는 몸 상태를 떠나 중요한 도전이 아닐 수 없다. 필자는 투병 기간에 종종 이반 일리치를 떠올렸다. 필자의 '정신적 지주' 인 일리치는 악성 종양으로 극한 고통에 시달리면서도 아직 살아있다는 기적에 감사해야 한다고 입버릇처럼 말하곤 했었다.

코로나바이러스Covid19의 대유행이 점차 강력해지면서, 오히려 이탈리아와 프랑스의 여러 언론이 필자에게 대담을 요청해 왔다. 과연 지금의 현실에 탈성장이 부합하는지에 대한 질문이 주를 이뤘다. 한 쪽에서는 봉쇄의 결과로 인한 상황이 "성장 반대론자들"의 예고에 부합한다고 이야기했다. 즉, 성장 반대론자들의 기획을 실현하는 초입 단계에 도달했다는 말이다. 그러나 다른 한 쪽에서는 이러한 위기가 세계화를 벗어나기 위해 잡아야 할 절호의 기회일 것이라고 말한다. 체제 변혁을 위한 호기라는 뜻이다.

전염병 저지를 위한 각국 정부의 시행 조치는 일정 부분 "긍정적인" 결과를 보이기도 했다. 일단, 온실 가스의 배출량이 급격히 줄었다. 맑은 공기를 맡을 수 있게 된 중국이 특히 그러하다. 베이징 주민들은 푸른 하늘을 다시 보게 됐다. 온갖 종류의 오염이 줄고, 도심에서도 새 지저귀는 소리를 듣게 됐다. 수상 대중교통 '바포레토' Vaporetto와 관광객이 사라진 베네치아의 운하에는 돌고래가 돌아오는 진풍경이 펼쳐졌다. 또 많은 사람들이 적은 소비로도 충분히 살 수 있다는 사실을 깨달았다. 사람들은 검소함을 배웠고, 더 악화되지 않고도 할 수 있는 일이 제법 많다는 사실도 알게 됐다. 심지어 대화 상대자 중에는 현재 상황에서 종래의 "조건을 약화시킬 수 있을 가능성, 다시 말해 검소한 삶을 재습득할 수 있는 가능성, 타인에 대한 깊은 연민, 생물체에 대한 관심과 주의, 탈성장의 강화 및 채택 가능성"을 봐야 하지 않겠냐고 말하는 이도 있었다.

이론 성찰과 철학 성찰에 필요한 시간의 가치는 매체들이 앞다퉈 보도하는 시간의 가치와 다르다. 일단, 필자는 전염병 유행 문제의 전문가가 아니다. 따라서 해당 분야에 대한 상세한 이야기는 어려울 것이다. 필자는 본문을 현 시류에 부합하는 짤막한 논설 정도로 작성하려 한다. 덧붙여, 지난 2008년 경제 위기

발생 이후에 벌어진 일련의 상황들을 종합해 볼 때, 현재의 바이러스 대유행도 어느 정도 위기가 지나면 예전 관행들로 되돌아갈 공산이 크다는 정도만 이야기하려 한다. 전염병 유행 상황에서 우리가 배운 교훈이라곤 '의약품 생산' 정도였다. 더 깊게 성찰할 시간이 필요하고, 어느 정도 뒤로 물러서 고민해 봐야 할 시간이 필요하다. 그러한 시간을 보내면서, 필자는 현재의 위기가 성장 사회, 생산력주의 사회, 소비주의 사회라는 우리 사회의 병리 현상을 특별하고, 광범위하게 드러낸 사건이라는 결론에 도달했다. 전염병 대유행이라는 상황에서 드러난 것을 확인하기 전에, 그리고 이 전염병의 결과가 무엇이며 그 결과에서 어떤 교훈탈성장 생활양식 포함을 도출할 수 있을지를 확인하기 전에, 이 사건의 "전례 없는" 측면에 서린 역설의 문제를 고찰해 보는 편이 좋을 것이다.

1. 전례 없는 일이라고?

현 사태를 부추긴 제1원인은 언론매체이다. 언론에서는 우리 삶의 예외적인 면을 쉴 새 없이 떠든다. 도대체 무엇이 '전례 없다'는 말인가? 전염병 대유행의 출현이 '전례 없다' sans précédent

는 말인가? 확실히 그것은 아니다. 그렇다면, 전염병의 심각함이 '전례 없다'는 말인가? 일부 역사가들은 반복적으로 출현하는 전염병 대유행을 조사했다. 적어도 신석기 시대 이후로 인류에게 출현한 전염병 중에는 지금보다 더 심각한 죽음을 부른 것도 있었다. 14세기의 흑사병은 유럽 인구의 3/4을 없앴고, 1918-1919년의 스페인 독감은 수천만 명의 목숨을 앗아갔다.[103] 바이러스의 원천을 지적하는 문제와 관련해, 역사가들은 통상 이 질병 현상을 인간과 "야생" 환경의 관계 변화에 귀속시켰다. 또 바이러스 확산의 원인을 무역 활동과 인구 이동에서 찾았다. 최근 들어, 일각에서는 고대 시대나 16세기 라틴아메리카의 사례처럼, 지질학적 기원이거나 인위적 기원인 기후 변화와 질병 현상의 연관성을 주장하기도 한다.

물론, 전례 없는 부분이 있기는 하다. 바로 대규모 차원으로 단행된 '봉쇄 조치'다. 수많은 나라들이 전면 봉쇄 조치를 취했고, 이 조치는 세계 인구의 약 30억 명에게 직접적인 영향을 미쳤다. 그러나 이러한 봉쇄 조치는 감염 전파 속도에 큰 영향을 미치지 못했다. 전파 속도를 줄일 것이라는 상상 차원에 머물렀

---

103) 역사학자 프랑수아 자리주가 작성한 기사를 보라. François Jarrige, "Retour sur la grippe 'espagnole'", in *La Décroissance*, no 168, avril 2020.

다. 사실, 바이러스는 감염자 대다수에게 치명적이지 않았다. 대신, 감염률은 매우 높았고, 바이러스로 인해 다양한 형태의 복합적인 고통이 사람들을 애 먹였다. 이러한 형태의 질병이 언제든 출현할 수 있다는 예고편이 있었음에도, 의료 보건 체계는 제대로 대비하지 못했다. 치솟은 감염률과 고통은 의료 체계에 일대의 혼란을 불렀다. 또 우리 행성 거의 대부분 지역에서 인간의 활동이 멈췄다. 그러나 어느 지점에 이르자, '병세를 평범하게 볼 수는 없지만 다른 질병에 비해 심각한 수준은 아니라'고 강조했던 초창기 몇몇 사람들의 진단을 아예 틀렸다고 할 수도 없게 됐다. 이들은 현실을 이야기했다. 왜냐하면 사망자 수치에서 볼 수 있듯이, 지금은 세상의 종말 수준이 아니기 때문이다. 매체들은 마치 전쟁 희생자를 보도하듯이 사망자와 감염자의 통계를 보도한다. 늦추는 법도 없고, 매 순간 눈을 떼지 못하게 한다. 매체들의 이러한 보도가 '종말론적 강박관념' une psychose apocalyptique을 생성하는 데 크게 기여했다. 독자들은 프랑스에서 일반 독감으로 몇 개월 동안 매일 150명 이상 목숨을 잃었다는 사실을 기억하기 바란다. 전 세계에서 매 해마다 130만 명이 교통사고로 목숨을 잃는다. 그러나 이를 심층 보도하는 언론은 없다. 이만한 사람들이 사고로 명을 달리하는 현실임에도 불구하고, 교통 통행을 금지하자고 주장하는 언론도 없다. 아마 현 전염병과 관련된 대차대조표가 나올 무렵이면, 최근에 있었던 크고 작은 다른 유행병들이 실제로는 더 큰 영향을 미쳤다는 내용도 확인할 수 있을 것이다. 언론인 다니엘 슈나이더만은 일간지 「리베라시옹」의 2020년 3월 23일자 기사에서 1968년 여름에서 1969-1970년 겨울까지 맹위를 떨쳤던 홍콩 감기로 프랑스에서 40,000명의 사망자가 발생했고, 전 세계적으로 100만 명의 사망자가 발생했지만, 세계 언론들과 정치권은 이를 주목하지 않았다고 지적한다. 지금의 전염병 대유행에 대해 매체들과 정치권에서 연일 시끄럽게 떠드는 이유에 대해 의문을 품지 않을 수 없다.

2. 어떤 희생을 치르더라도 건강이다!

죽음을 거부하는 힘이 상승 곡선을 탔다. 미국의 이라크 전쟁 개입 이후로 '사망자 제로'라는 환상과 더불어 등장한 이 힘이 상승하는 중이다. 단지 전쟁에서만 이 힘이 드러났던 것은 아니다. '트랜스휴머니즘'이라는 몽상적 연구에서 드러났으며, 의료 권력, 정권, 여론의 암묵적 공모에서도 명확히 드러났다. 매체들이 대대적으로 선전하고 여론의 찬사를 한 몸에 받게 된 의료 담론과 과학 담론의 권위는 해당 전문가들의 갖은 모순과 혼동에도 불구하고, 국가 지도자들을 옴짝달싹 못하게 묶었다. 도널드 트럼프와 보리스 존슨의 행보 변화가 이를 보여주는 사례다. 뿐만 아니라, 이러한 담론의 구속력은 과학과 의료계의 말을 순순히 따르지 않으려는 독재 정부에게 경고장을 날리기도 한다. 오늘날 독재 정부의 전형이라고들 말하는 헝가리의 오르반 정부나 터키의 에르도간 정부를 향한 과학의료계의 경고가 그 사례다. 심지어 일부 의료 당국은 시민의 자유를 무시하고, 제한적이고 억압적인 기준들을 단호하게 추진할 것을 주장하며 사태를 격화시키기도 한다.

여기서 우리가 주목해야 할 현상이 있다. 곧, 사람들은 성장 사회의 평범한 구호였던 "뭐니 뭐니 해도 경제"l'économie coûte que coûte에서 "하늘이 두 쪽 나도 건강"la santé coûte que coûte으로 후퇴했다. 한 마디로, '무슨 값을 치르더라도 건강이 우선'이다. 사실, 이 표현은 종교 전쟁을 치른 유럽의 근대성 초기에 등장했던 '어떻게든 살아남아야 한다'의 재탕이다.

다른 말로 풀면, 우리는 상호보완적이면서 동시에 대립적인 두 축 사이에서 한 쪽 방향으로 깜빡이를 켜고 이동하는 중이다. 두 축 가운데 하나는 "돈"이며, 다른 하나는 "생명"이다. 전자의 대표자는 존 로크다. 로크에 따르면, 사회 계약은 법치 국가의 풍요를 지향해야 한다. 후자의 대표자는 토머스 홉스다. 그에 따르면, 생존과 안전을 보장해 줄 수 있는 유일한 수호자 '리바이어던'을 위해 우리의 모든 자연권을 단념해야 한다. 둘 사이에서 깜빡이는 지금 후자 쪽으로 향하는 중이다. 즉, 폭력, 빈곤, 질병으로 야기되는 죽음을 피해야 한다. 자유의 포기라는 값을 치르고, 어느 정도 경제 희생을 감수하고서라도, 죽음을 피해야 한다.

수호신이 된 국가를 위해 시민들은 자기의 자유를 포기하고 경제 희생을 감수하는 일을 정당한혹은 다소 불편하더라도 기꺼이 일로 받아들인다. 문제는 이러한 수용이 일시적 현상이 아니라는 데 있다. 우리는 바로 이 점을 우려한다.

3. 사회 병리학을 치료해야 한다

위기다. 무엇보다 위기다. 거듭 강조하지만, 건들면 부러질 것처럼 우리 사회는 매우 취약한 상태다. 이미 오래 전에 생태학자들은 성장 사회가 지구의 생태 한계를 표시하는 벽을 부쉈다는 사실을 보여줬다. 성장 사회가 기술력의 발전을 꾀하면 꾀할수록, 이 사회의 실제적인 취약성은 더 상승한다. 몇 년 전 발생한 아이슬란드 화산 폭발이 이를 대변한다. 반복되는 현상이자 보편적인 현상이 된 정전停電 사태, 쓰나미와 같은 대형 해일, 그 외의 자연 재해들도 마찬가지다. 경제와 기술 논리에 따라 사람과 사람, 국가와 국가의 상호 접속성과 의존성을 높이면 높일수록, 회복력은 더 떨어진다. 현재 벌어지는 의약품 부족 사태가 우리의 뇌리에 이 비극을 재소환했다.

특히, 오늘날 이탈리아나 프랑스에서 볼 수 있듯, 신자유주의 정책들과 보건 분야 긴축 정책들의 승리는 지난 2차 대전 이후에 구축된 복지 국가와 보건 의료 체계의 틀을 일거에 뒤흔들었다. 민간 분야의 포기를 종용하고 오로지 수익성 논리에 유리한 구도를 짠 결과물이다. 그 결과 우리는 병원 내부의 의료진, 보호 장비, 설비, 병상, 필수 의약품이 부족한 상태에서 전염병 대유행을 맞아야 했다. 보호 마스크와 관련해 세계에서 벌어진 과정을 찬찬히 살펴보면, 우리는 몇 가지 병리 현상을 확인할 수 있다. 사실, 마스크 제조는 희토류terres rares와 같은 희귀 광물을 필요로 하지도 않고, 고도의 기술력을 필요로 하지도 않는다. 그럼에도, 지난 날 정부의 그릇된 정책들이 현재 범죄에 준하는 문제를 일으키는 중이다. 경보음이 울리는 상황에도 불구하고, 공권력은 사태를 주시하지 않는다. 하지만 마스크 하나 제대로 생산하지 못하는 정책을 짰다고 하여 정부만 욕하고 현대 의학의 특징인 역생산성la contreproductivité 104 문제에 눈 감는 모순된 태도를 보여서도 안 될 것이다. 이반 일리치의 분석처럼, 현대 의학의 역생산성은 종종 '의원병' iatrogène105의 모습을 보이며, 재정적 나락에 빠지는 상황을 부르기도 한다. 덧붙여, 그것은 약물 남용 등의 영향으로 병원 내 질병들des maladies nosocomiales106과 면역 체계의 약화를 부른다.

사회 국가L'État social의 위기도 마거릿 대처와 로널드 레이건 주도의 신자유주의 반동 혁명의 확산에 일조했다. 최첨단 의학을 도입해야 한다는 논리로 의료비는 기하급수적으로 상승했

---

104) [역주] 이반 일리치가 강조한 개념으로, 일정 기간 성장을 하다가 임계점을 넘어서면 득이 아닌 해악으로 작용한다. 일리치는 12세기의 격언에 따라 '최선이 타락하면 최악을 낳는다'(Corrumpio optimi quae est pessima)고 정리했다.

105) [역주] 자가 돌봄이 충분히 가능한 질병도 무조건 의사를 찾는 현상을 가리킨다. 이반 일리치가 『병원이 병을 만든다』에서 개념화했다.

106) [역주] 병원이 오히려 새로운 병을 만들거나 기존의 병을 키우는 상황이다.

고, 실제 비용은 통제 불가능한 수준까지 치솟았다. 게다가 약품 실험에 소요되는 비용 관련 추문은 대중에게 언급조차 되지 않는다. 장애 아동이나 성인에 대한 사회 보장 예산이나 투석 환자를 돌보는 데 쓰이는 예산은 이미 감당할 수 없는 상태에 이르렀다. 제자리걸음에 불과한 주제에 말끝마다 성장 타령하는 '성장 사회'에서 모든 사람을 위한 보건의료는 언제나 실현 불가능한 목표로 박제됐다. 필자는 사회에 찌든 이 병리 현상을 제일 먼저 치료해야 한다고 주장한다. 시민의 건강을 핑계로 폭증하는 사회 병리학의 영향에 대한 치료보다 사회 병리학 자체를 먼저 치료해야 한다. 기술력을 발전시켜 난관을 벗어나려는 시도 une fuite en avant technicienne보다 더 근본적인 단절을 통해 성장 사회의 부정적 영향들을 치료하는 편이 더 효과적일 것이다. 탈성장 기획은 과학 연구 방향의 재설정, 특히 의료 연구 방향의 재설정을 강하게 주장하며, 온건하고 친환경적인 의학의 발전을 촉구한다.

4. 가상 세계의 승리

전염병 대유행 상황에서 인간다움과 인간관계라는 문제를 살펴보며 우리는 놀랍고 심각한 부분을 확인한다. 전염병 대유행 상황이 미치는 영향 중 가장 심각한 문제가 있다. 바로 '사회성 107 파괴' 다. 우리 삶에 직접 영향을 미치는 이 요소들에 대해 질문해야 하고, 우리 사회를 구성하는 근본 요소인 사회성, 즉 '사귐의 관계' 가 사라지는 현상을 심각하게 받아들여야 한다. 악수나 포옹처럼 사람과 사람이 맺는 사귐의 기본 단계가 모조리 사라졌다. 대신, 가상 세계가 대승을 거뒀다. 과거에 발생했던 전염병 대유행에 대한 기본 관리 방법은 '집단 격리' 였다. 그러나 타자와의 실제 만남을 없애지는 않았다. 사회학자 장 보드리야르Jean Baudrillard가 정확하게 봤던 것처럼, 세계화로 인해 전염병뿐 아니라 전자, 경제, 금융, 테러리스트 등의 이른바 '바이러스성' la viralité 현상이 가속화됐다. 그리고 이 바이러스성 현상은 실제 세계에 대한 가상 세계의 승리에 더 유리하게 작용한다. 봉쇄기간 동안 우리 생활을 독점하다시피 한 전자 기기들 덕에, 가상 세계의 승리가 더 확고해졌다. 그 결과, 어린이들이 화면에 장시

---

107) [역주] 사회성이란 인간과 인간의 직접 만남을 통한 사귐이다. 사회성은 사회를 건설하는 중요한 토대다. 비대면은 이러한 사회 건설의 중요한 토대를 부쉈다. 다양한 사회의 구축은 중앙집권의 획일화를 벗어나거나 때로 이러한 획일화에 저항할 수 있다는 점에서 중요한 가치다. 우리는 국가가 아닌, 사회를 보호해야 하며, 추상 명사처럼 반복되지만 실상은 수치에 따른 통제와 관리 영역이 된 '생명' 보호가 아닌, 구체적인 인간과 생명체를 보호해야 한다.

간 노출되면서 나타날 수 있는 신체적, 심리적 위험에 대한 정당한 반대 의견조차 학교 교육을 유지해야 한다는 필연성에 철저히 묻히고 말았다. 제한된 공간에 봉쇄된 가족들이 전자 기기 사용하면서 시간이나 때우라는 조치에 불과하다는 비판적 논의는 깔아뭉개고, 학교 교육을 어떻게 해야 하냐고 거의 울다시피 호소하는 논의만 차고 넘쳤다. 그렇게 아이들에게 미치는 위험 요소들에 관한 논의를 묵살했다.

지금 우리는 제임스 러브룩이 "가이아의 복수"라 불렀던 현상을 목도하는 중이다. 우리는 자연과 조화를 이루며, 그 품에서 살아가는 대신, 근대성이라는 친구의 손을 잡고 자연에게 선전포고했다. 자연은 자기 보호를 위해 반격을 개시했고, 우리는 기계 제작을 뒤로 물리기는커녕 새로운 공세를 가했다. 마크롱 대통령의 전염병 관련 담화문에 빈번하게 등장하는 이 '전쟁' 상황을 대하는 우리 탈성장 운동가들의 자세는 반역적이고, '역생산적' contreproductive이다. 우리는 생물체의 일부인 바이러스를 박멸하자고 주장하지 않는다. 우리는 바이러스와 협상하며, 최선을 다해 관리하자고 주장한다. 바이러스 전문가들의 말을 신뢰한다면, 코로나바이러스는 다른 바이러스들과 마찬가지로 박쥐에서 비롯된 것처럼 보인다. 박쥐에서 사람으로 직접 감염중국인들은 박쥐를 전통 약재상에서 소비한다되거나 이들이 소비하는 다른 종류의 야생 동물예컨대, 천갑산을 통해 간접 감염됐다. 생산력주의 농업은 현 사태에 대해 책임져야 한다. 이 농업은 자연과의 전쟁에 가담했을 뿐 아니라, 끊임없이 자연을 약탈했다. 영속재배 농업이나 전통 소작농에서 볼 수 있는 훌륭한 정원사의 활동을 보인 적도 없다. 삼림을 벌채하고, 동물을 전혀 존중하지 않는 집약적 영농법을 추진했으며, 야생 동물 거래에도 관여했다. 이 모든 것들이 종과 종 사이의 장벽을 넘어 돌연변이로 바뀌는 바이러스의 전파를 촉진시켰다. 궁극적으로 변이 바이러스는 동물에서 인간으로 전파되기에 이르렀다. 조류독감, 돼지열병, 후천성면역결핍증AIDS, 사스SARS 등이 그 사례다. 지금의 전염병 대유행의 경우도 그럴 가능성이 있다. 물론 아직까지 분명한 원인이 밝혀지지 않았고, 경우에 따라 직접 인과성이 크지 않을 수도 있다. 한편, 중국 우한과 이탈리아 롬바르디아 지역의 미세 먼지 포화 상태는 전염병 사태의 악화 요인으로 작용한 것처럼 보인다. 그럼에도, 이 전례 없는 전염병 확산을 주도한 원인은 확실하다. 바로 세계화다.

5. 교육학의 재앙인가? 전염병 대유행과 재再지역화 문제

우리는 현재의 위기에서 어떤 교훈을 도출할 수 있는가? 더 이상 과거처럼 권위자들, 정치인들, 지식인들, 심지어 경제 전문가들의 목소리만 되풀이하는 행태를 좌시할 수 없다. 이들은 자기 논평과 의견을 믿으라고 요구만 한다. 또 다시 이들에게 속아야 하는가? 분명, 우리의 이성은 가던 길을 바꾸라고 명할 것이다. 그렇다면, 돌이킬 수 없는 붕괴와 인류의 멸절이라는 위험에 봉착한 우리는 이를 저지하기 위한 약속으로 탈성장이 호소했던 검소한 풍요 사회의 서막을 확인할 수 있는가? 물론, 현 상황과 맞물려 일각에서는 '강제 탈성장' décroissance forcée을 외치기도 한다. 특히, 노란 조끼 운동과 맞물려 이러한 주장에 힘이 실렸다. 지금 우리는 연대, 창조성, 공생공락을 추구하는 여러 모임들과 벌어진 사태들에서 드러나는 잠재성 등이 급부상하는 상황을 맞았다. 그러나 돌이켜 봐야 한다. 지금의 전염병 대유행 상황에서 사회 불안정 상태에 있는 사람들, 정원, 테라스, 발코니조차 없는 비좁은 거주 공간에 수감된 사람들 대다수가 극심한 고통을 겪었다. 그에 반해, '자유분방한 부르주아들' bobos이나 심지어 "성장 반대론자"들도 평온함 가운데 봉쇄 기간을 지냈다. 사회생활의 근본 요소인 타인과의 물리적 접촉을 잃었다는 큰 좌절에도 불구하고, 탈성장 기획의 주요 내용 가운데 하나가 성취되리라는 기대를 품고 평온하게 봉쇄 조치를 누린 것은 아닌가? 이러한 무지와 오만에 찌든 우리의 자화상을 보며, 과연 기존 체제와의 단절을 논하는 데 이 정도 수준으로 충분할지 의문이다. 소소하게 일어난 몇 가지 변화들 및 그에 대한 예측들이 나왔다. 그렇다고, 우리가 학수고대하는 탈세계화나 재지역화가 고개를 들 것이라 보는가?

전 세계적 전염병인 코로나 19는 두 가지 차원에서 '지역적인 것' le local을 호출한다. 첫째, 지역의 필요성에 직접 호소한다. 즉, 전염병 확산을 억제하기 위해 거의 대부분의 지역에 봉쇄 조치가 단행됐다. 둘째, 더 장기적인 틀에서 보면, 이번 전염병 사태는 탈脫지역화 추진으로 인해 발생할 수 있는 위험 요소들을 더 선명하게 부각시켰다. 이전에 깊게 들여다보지 못했던 문제가 불거진 셈이다. 게다가 지역화 재부상 상황보다 더 깊게 들어가 아예 세계화에 대해 분명하게 선을 긋겠다는 운동도 등장했다. 일각에서는 전염병 사태로 인해 탈성장 기획의 실현에 유리한 상황이 조성됐음을 확신하기도 한다. 그러나 이러한 두 가지 차원에는 문제가 있다. 첫 번째 효과는 단명할 위험이 있고, 두 번째 효과는 제한적일 수 있다. 두 번째 효과의 경우, 우리가 그 간 독려해 왔고 분투를 주저하지 않았던 의식화 작업108)이 선행 돼야 한다. 우리는 세계 경제의 역동성이 전염병 대유행의 위기 를 교묘히 탈출해 한 단계 더 강화된 형태로 새로운 기회를 포착 할지 모른다는 점을 명심하고, 사태를 꿰뚫어 봐야 한다.109)

　코로나바이러스의 유행으로 온 세계의 정부는 정도 차이만 있 을 뿐, 엄격하고 일반화된 봉쇄 조치를 택했다. 이 조치들로 사 람들은 일상 생존에 있어서나 행정 활동에 있어서나 근거리 공 간으로 후퇴할 수밖에 없었다. 한 쪽에서는 초국적 차원의 물류 유통망이 봉쇄됨에 따라, 식량 공급과 일부 위생 용품마스크나 젤

---

108) [역주] 성장, 진보, 발전을 맹신하는 현대인의 사고방식(la mentalité)이 바뀌지 않고 탈성장 기획을 추진하기는 곤란하다. 라투슈는 이러한 의식 전환 작업 을 "회심"(métanoïa)이라 규정했다. 다마스쿠스 노상에서 예수를 만나 회심 한 사도바울(사도행전 9장)처럼, 예전 방식의 사고와 행동을 철저하게 바꿔야 한다는 뜻이다. 의식화 작업이 선행, 병행되지 않으면, 시류에 쉽게 굴복할 것 이며, 운동은 단명할 것이다. 라투슈의 다음 책을 참고하라. Serge Latouche, *Renverser nos manières de penser. Métanoïa pour le temps présent*, Entretiens avec Daniele Pepino, Thierry Paquot et Didier Harpagès, Paris, Éditions Mille et une nuits, 2014.

109) [역주] 라투슈의 이러한 지적은 코로나바이러스 대유행 기간 중에 세계화의 종언을 성급하게 외친 이들, 이들의 논제에 부화뇌동하는 자들을 단속하려 는 의지를 담았다. 오히려 바이러스는 경제의 소수 과두제(GAFAM 및 일부 제약회사들, 금융, 디지털 경제)의 영향력을 더욱 강화시키는 결과를 보였다 는 사실에 주목해야 한다.

들을 지역 차원에서 해결해야 했다. 텃밭 등과 같은 개인의 자율적 해법은 말할 것도 없고, '농민농업유지협회' AMAP와 같은 간결한 유통 구조와 근접 지역의 상권을 유지하는 쪽으로 이익을 강화시켰다. 이웃과의 연대 및 대중의 창의성은 환난患難 중에도 "질긴 힘으로 버텼다." 수많은 지역들의 경험은 이 상황에서도 회복력을 증명했던 반면, 세계화 경제의 거대한 부분이 붕괴됐다. 다른 한편, 국경선 시대로의 회귀와 국가 주권을 다시 주장하는 상황을 봤다. 또 이를 넘어서, 각 지역마다, 정확하게 봉쇄 조치의 실행 이전부터, 이미 지방의 행정 단체에서는 봉쇄나 해제와 같은 보건 관리를 강력히 호소했다. 프랑스의 경우, 마크롱 대통령 임기 전반부에 중앙 정부에서 주목하지 않았던 지역의 시장들이 앞다퉈 이러한 정책을 추진했다.

더 포괄적인 영역에서 이야기하면, 지금의 보건 위기는 세계화 사회의 근래 보기 드문 취약성을 드러낸 사건이다. 얼마 전까지, 우리는 중국에서 수입한 의약품에 의존했다. 현재 겪는 의약품 부족 현상에서도 경제 논리로 고공비행하며 추진됐던 '탈脫지역화'의 경솔함이 여실히 드러난다. 사람과 사람, 나라와 나라의 상호 접속성과 의존성이 결국 자율성의 상실로 이어졌다. 지역의 자율성, 즉 '자치'는 세계 교리로 우뚝 선 '자유로운 교환'의 영향을 받아 곳곳에 뿌리 내린 '전문화'의 희생양이 되고 말았다.

이러한 실패에서 교훈을 얻었다고 주장하는 유럽의 국가들은 이제 기민하게 대응해야 한다. 생산품의 경우, 해외 수주에 의존하지 말고 자국으로 되가져와야 한다는 입장에 동의하기도 한다. 따라서 앞으로의 변화가 예상된다. 유럽의 통화 운용 규칙들에 대한 변경은 이미 진행 중이지만, 무엇보다 그것은 경기 회복을 장려하고 성장 신화의 길을 복구하기 위해 단행한 조치일 뿐이다. 예컨대 제약 회사들의 생존을 위한 전략 행동의 일환으로 '재在지역화'를 선언하기도 한다. 그러나 경쟁과 자유 무역이라는 신성불가침 원칙에서 벗어나고 지능적인 보호무역주의를 필요로 하는 국가의 소위 '적절한' ad hoc 개입은 전혀 계획된 상황이 아니다. 우리는 사회의 토대를 재검토해야 한다. 이 재검토 작업은 '메타노이아' métanoïa, 즉 '회심回心'이다. 다시 말해, 우리에게 지금 필요한 일은 가는 길을 돌이키는 '회심'이다. 그것이 우리의 남은 과제다. 따라서 정부의 정책들을 지배하는 단기 계획은 계속 만연할 것이며, 경제 종교와 성장 종교에 대한 포기는 아직 현실 의제에 포함되지 않았다.

불행하게도, 지금의 전염병 대유행은 에너지와 디지털이라는 두 가지 중요 분야에서만큼은 세계화 경제의 취약성을 제대로 드러내지 못했다.[110] 먼저 에너지 분야를 살펴보자. 붕괴학자들collapsologues의 예상과 반대로, 유가 폭락은 재생 에너지 개발을 저지하면서 경제 회복을 게을리 하지 않았다. 생태학 관점에서 가장 치명적인 분야인 항공과 자동차 분야도 경제 회복에 힘을 보탰다. 생산 설비 재배치와 같은 활동은 예상 밖의 일이었지만, 어떻게 보면 지금까지 줄곧 적용을 외쳐온 '생태적 이행'[111]에 더 구체적인 내용을 부여할 기회를 잡았다. 따라서 우리에게는 과거의 단체 관광과 상품 운송보다 더 강력하고 새로운 형태의 경제 활성을 보게 될 위험이 있다. 디지털 분야도 살펴보자. 이 분야의 노른자를 차지한 소수 기업들이 있다. 흔히 앞머리를

110) [역주] 기술과 디지털, 인터넷 등은 원자재 채굴 심화(세련된 기술일수록 새로운 광물 사용을 요구한다)와 전기 사용 증가를 부른다. 전기 생산 과정에서 발생하는 탄소의 지분에 이러한 요소들이 비율을 늘리는 추세다. 그러나 이 문제는 주류 생태 담론이 크게 논하지 않는 문제다. 코로나 19로 세계의 디지털화와 디지털을 뒷받침하는 에너지 자원(전기 등)의 확대가 신속하게 진행됐다.

111) [역주] 환경을 생각하고 자원을 덜 착취하는 방향으로 경제를 설정하자는 대기업, 북반구 주요 국가들, 국제기구 등의 대중 선전을 가리킨다. 이들이 말하는 생태적 이행과 연결되는 말이 바로 "지속 가능한 발전"이다. 실제로는 생산과 소비를 축소하지 않으면서 기존의 지원에 새로운 자원을 계속 착취하겠다는 말이다.

딴 약어 '가팜' GAFAM : Google, Apple, Facebook, Amazon, Microsoft 이라 불리는 이 초국적 기업들은 경기 침체를 겪지 않았다. 오히려 지금의 위기는 이들에게 엄청난 특혜였다. 디지털 기업들은 '시장 점유율'을 현격히 높였고, 그것은 실물 경제에 악영향을 미쳤다. '아마존' Amazon의 위력에 동네 서점들이 문을 닫고, 월마트와 같은 대형 소매업체의 인터넷 판매로 지역과 마을의 상권이 큰 타격을 입었다. 뿐만 아니라 원격 근무, 인터넷 의료 상담 등은 지역의 소상공인들, 의료 종사자들의 생계를 위협한다. 요컨대 이러한 방식은 하나같이 '지역적인 것' le local을 파괴한다.

6. 우리의 폭발적인 힘이 필요하다

과거에도 경종은 울렸다. 그러나 지난 2008년 금융 경제 위기 이후에도 사람들은 '예전처럼 하던 대로' business as usual의 상태로 금세 복귀했고, 국가 경쟁력과 기업 경쟁 등, 이른바 '경쟁 논리'를 떠나지 않았다. 이러한 경험에 비춰볼 때, 지금의 전염병 대유행 이후에도 변화가 일어날 가능성은 낮아 보인다. 생태 문제와 관련해 전염병 대유행이 가져온 긍정적인 부분도 언제 그

랬냐는 듯이 유야무야 사라질 가능성이 크다. 소련 붕괴 시절을 떠올려 보자. 당시 경제와 사회에 미칠 재난과 탄소 배출이 두드러지게 줄었다. 그러나 그것이 필수 항목으로 고정되지 않았다. 중국의 경우도 마찬가지다. 중국의 공해 배출은 확실히 줄었지만, 최근 중국 당국은 과거의 배출량으로 이미 되돌아갔다고 밝혔다. 이처럼 과거의 거울에 비춰보면, 지금의 코로나바이러스 대유행도 강자들의 이익과 희생자들의 수동적 동조로 얽힌 체제의 관성을 뛰어넘기 어려울 것이다. 이 체제의 관성을 멈추려면, 이것보다 더 큰 충격이 필요할지 모른다. 세계 경제의 붕괴가 일어날 것인가? 논리상 불가능하지는 않을 것이다. 그러나 그 가능성은 극히 낮다. 이제 각국 정부들도 수많은 교훈을 얻었을 것이다. 정부는 시장에 개입할 수도 있고, 가격 하락의 경우처럼 일정한 제한을 가할 수도 있을 것이다. 그럼에도 경기 후퇴une récession가 장기 침체une dépression로 바뀌지 않는 한, 지금의 상황에서 체제는 지속적인 경기 후퇴를 맞이할 가능성이 높다. 왜냐면 경기 후퇴가 장기 침체로 전환하는 순간부터 어떤 것도 통제할 수 없는 상태가 되기 때문이다.

아래에서 자발적으로 발생하는 운동만이 '지금의 판을 뒤집을 수' 있을 것이다. 탈세계화/재지역화démondialisation/relocalisa-tion를 지지하는 운동이 그 싹을 틔우는 중이다. 아직 미약하지만, 분명한 현실이다. 지역을 우선시하는 다양한 종류의 기획들도 계속 등장하는 중이다. 우리는 "여우를 닭장 속에 자유롭게 풀어 놓는" 것과 같은 상황에 매몰되지 않도록 이러한 대안 기획들을 보호해야 한다. 19세기 사상가이자 마르크스의 친구인 아우구스트 베벨August Bebel은 당대의 야만적인 경쟁 관계를 이와 같이 탁월한 문구"여우를 닭장에 자유롭게 풀어 놓는 짓"로 정리했다. 진정으로 생태 전환을 이루겠다는 일념으로 중기中期 전환 계획을 야심차게 추진해야 한다. 특히 생산력주의 농업, 관광, 자동차, 항공 및 에너지 부문의 중기 전환 계획은 지역의 역동성을 강화하는 쪽으로 나아가야 한다. 덧붙여, **성장의 상상계에 대한 탈식민화 작업**이 필요하다. 이 작업이 없으면, 지역의 역동성도 성공을 거둘 수 없다. 탈성장 운동은 이러한 **상상계의 탈식민화**를 추진하려 한다. 악순환의 고리를 끊으려는 재지역화가 이 성장에 대한 상상계의 탈식민화 작업의 대가로 유용할 것이다. 이 작업이 없다면, 우리가 바라고 열망하는 탈세계화의 정당성도 트럼프나 오르반, 보우소나루를 비롯해 틈틈이 기회를 엿보는 그 동반자들과 같은 '자국 우선 포퓰리즘 기업가'의 정략 도구로 전락할지 모른다.

따라서 **탈성장 생태사회주의 기획**le projet écosocialiste de la décroissance의 관점에서 볼 때, 초국적 기업의 경쟁과 고삐 풀린 자유 교역을 뜻하는 만인에 대한 만인의 투쟁 및 자연에 맞선 투쟁 구도에서 탈출하기 위한 싸움이 그 어느 때보다 절실하다. 「샤를리 엡도」*Charlie Hebdo*의 만평가 제베Gébé가 지난 1970년대 창간한 유토피아 만평 이름인 「원년」*L'An 01*처럼 가까운 미래에 탈성장 기획의 원년을 맞이할 수 있을까? 일각에서는 쓸데없는 소비 활동과의 단절로, 탈성장 기획이 구현되는 날을 볼 수 있다고 믿지 않는가? 피에르 카를112이 제작한 다큐멘터리 영화를 통해 최신 정보를 얻었음에도, 이번 전염병 대유행은 그러한 원년이 되지 않을 것이다. 그렇지만 탈성장 기획이 호소하는 근본 변화에 관한 희망을 키우기 위해, 우리는 옛 향수를 생생히 간직할 필요가 있다.

---

112) Pierre Carles, *Gébé, on arrête tout, on refléchit.* 이 영화는 제베와 「원년」에 참여한 그의 동료들에 집중한다. 자크 도이용(Jacques Doillon)의 글을 영화로 각색했다.

옮긴이 후기

오늘날 탈성장에 관한 몇 가지 성찰

역자는 지면을 빌어 탈성장 운동에 관련된 몇 가지 성찰을 독자들에게 전하려 한다. 프랑스와 이탈리아에서 이 운동에 참여하고 토론하며 얻은 생각을 가볍게 나누겠다. 경험과 역량의 한계가 뚜렷한 만큼, 역자의 주관적 의견임을 감안하고 너그러이 읽어주기를 바란다.

탈성장의 유령

역사학자이자 탈성장 사상가인 프랑수아 자리주François Jarrige는 마르크스와 엥겔스의 『공산당 선언』 첫 구절을 응용해 오늘날 유럽을 배회하는 "탈성장의 유령"Spectre de la décroissance을 이야기한다.113 공산주의의 유령을 쫓아내기 위해 19세기 유럽 권

---

113) François Jarrige, *On arrête (parfois) le progrès. Histoire et décroissance,* Paris, L'échappée, 2022, p. 5.

력자들은 적대감과 두려움 가운데 신성 동맹을 맺었다. 반면, 생태 재난과 경고가 점차 우리를 옥죄는 현 상황에서 "탈성장의 유령"이 세상을 배회한다.[114]

자리주의 진단은 적어도 중서부 유럽 상황에서는 어느 정도 참이다. 하지만 탈성장은 여전히 환영 받지 못하는 이질적 존재다. "탈성장"이라는 이름을 내걸고 운동을 본격적으로 시작한 2001년부터 이른바 주류 세계는 지속적으로 이 운동을 거부하거나 외면했다. 경제 발전과 성장에 매어 사는 정재계는 말할 것도 없고, 이들과 후원 혹은 동반자 관계를 맺은 학술계나 연구소도 성장 신화로부터의 이탈과 지속 가능한 발전의 사기성을 고발하는 목소리를 소수파 급진주의자의 칭얼거림 정도로 여겼다. 또 '테크노크라트' 중심의 하향식 정책에 동조하는 자들은 민중의 문화적 저력과 공생공락의 자율 공동체를 대안으로 제시하는 이 "아나키스트"자치주의자들을 몽상가 취급했다.

경제 세계화를 통해 세계 경영의 일원화를 꾀하는 초국적 기업들은 세계화와 경제적 자유주의신자유주의를 대대적으로 비판하는 이 사상을 아예 무시했다. '세계화의 순한 맛'인 '광역 도

---

114) *Ibid.*

시화'를 추진하며 내수 경제의 다양성을 붕괴시키고 대항 자본의 생성을 가로막는 정책에 쥐 떼처럼 쏠린 정치가들도 경제문화의 다원성과 직접 민주주의를 주장하는 이 운동을 이단시했다. 나아가 많은 사람들은 "지속 가능한 발전"이라는 모순 어법을 대대적으로 공격하는 "탈성장" 운동을 마치 '석기 시대로의 회귀'인양 폄하했다.

그러나 본문에서 라투슈도 언급했듯이, 대중 계몽과 교육을 통한 탈성장 사상의 유포는 대중들에게 어느 정도 효과를 거두는 중이다. 무엇보다 대중 스스로가 "대량 생산과 대량 소비"로 인한 소비 중독 사회의 폐해를 느끼고 있으며, 과도한 기술 발달이 빚는 격차 증가와 노동 시장의 변화를 우려한다. 전자 기기와 같은 편리한 기술 제품은 생활을 획일화하며 행정과 교육까지 일사분란한 체계로 바꾼다. 조금만 지나도 새로운 제품과 새로운 방식이 등장하며, 대중은 거기에 "적응"해야 한다. 이처럼 성장 사회에서 대중의 역할은 신제품과 새 제도에 대한 "적응"이다. 얼마나 적응을 잘하냐가 곧 얼마나 진보적이냐의 척도가 됐다. 탈성장은 이러한 의식 구조를 모조리 뜯어내야 한다고 말한다. 그렇기에 이것은 "회심"에 준하는 사건이며, 의식 구조의

"혁명"이다. 탈성장 운동이 섣부르게 중앙 정치 운동이나 관료 경제 정책으로 나아가지 않고 사회와 문화의 다양성을 강조하는 이유도 바로 거기에 있다. 세계를 바라보는 우리의 "표상 체계"의 전환, 즉 "문화" 혁명이 아니고서는 근본 변혁이 불가능하다고 보기 때문이다.

용어 문제와 탈성장 운동의 변칙 현상

사실, 우리말 "탈성장"은 원어인 프랑스어 "데크루아상스"décroissance의 완벽한 번역어가 아니다. 왜냐면 "데크루아상스"에 담긴 라틴 유럽권의 언어적, 철학적, 문화적 요소를 우리말 "탈성장"에 다 담아낼 수 없기 때문이다. 이는 영어 번역어 "디그로쓰"degrowth도 마찬가지다. 2000년대 중반부터 "데크루아상스"의 영어 번역어를 두고 논쟁이 일었다. 오랜 논의 끝에 결국 "디그로쓰"로 결정됐지만, 세르주 라투슈는 이러한 용어 선택에 불편함을 감추지 않았다. 라투슈는 한 대담에서 다음과 같이 말했다.

"얼마 전에 이탈리아 베네치아에서 제3차 국제탈성장포럼이 열렸습니다. 전 세계에서 약 50명 정도의 대표자들이 모인 자리였어요. 여기에서 용어에 대한 여러 목소리가 나왔습니다. 사실, 각국에서 탈성장 운동은 극소수 운동이라는 공통점이 있습니다만, 저는 라틴계 국가들이 탈성장 이념 자체를 더 확고하게 수용했다는 점을 말하고 싶습니다. 첫 번째 이유는 프랑스어 '데크루아상스'는 라틴어권이 아닌 지역의 언어들로 번역할 수 없는 용어이기 때문입니다. 물론, 이 용어에 내포된 기획이 다른 문화권에서 무의미하다는 뜻은 아닙니다. 더욱이 저는 이 용어의 세계적 확산에 찬성하지 않았습니다. 각 문화와 사회가 각자의 상상계 속에서, 각자의 언어로 '데크루아상스'와 맞물리는 내용을 찾아야 한다고 생각하기 때문이죠. 앞에서도 이야기했던 에콰도르나 볼리비아의 아메리카 원주민이 좋은 사례입니다. 이들은 스페인어로 '부엔 비비르' buen vivir, 케추아어로 '수막 카우사이' sumak kawsay를 이야기합니다. 현재 우리는 세계화를 강하게 반대해야 하는 상황에 있지요. 이러한 상황에서 부과된 용어가 하나 있는데, 바로 '디그로쓰' degrowth입니다. 하지만 '디그로쓰'는 매우 부정확한 용어입니다. 끔찍하고 야만스러운 용어입니다. '데크루아상스'에 전혀 어울리지 않는 용어예요! 영어권 사람들은 다른 용어들을 찾아야 합니다. 예컨대 '규모 축소'downsizing, 탈탄소post-carbon, 자발적 단순성voluntary simplicity과 같은 용어들이 '데크루아상스'에 어울리는 용어들입니다.'115

오늘날 '테크노크라트'의 경제 정책에 활용되는 "디그로쓰"는 민중 스스로 자기 한계를 부과하고, 절제하는 생활을 가꾸는 자율성, 다양한 문화권의 지혜 전통, 주민의 민주적 참여 등을 부차적 요소로 강등시켰다. 오히려 사람들은 "기후 문제" 등을 내세우며, 신속한 체제 전환의 수단으로서의 탈성장degrowth을 이야기한다. 탈성장 사상가들도 더 이상 대중 계몽의 길이 아닌, 정책 제시의 길에 집중하는 것처럼 보인다.116 게다가 최근

---

115) Serge Latouche, *Renverser nos manières de penser. Métanoïa pour le temps présent, Entretiens avec Daniele Pepino, Thierry Paquot et Didier Harpagès*, Paris, Mille et une nuits, 2014, p. 142.

116) 지난 2023년 10월, 역자는 세르주 라투슈의 친구이자 이탈리아의 대표적인 탈성장 운동가인 마우리치오 팔란테(Maurizio Pallante)와 대화할 기회가 있었다. 역자는 팔란테에게 프랑스와 이탈리아 중심의 '라틴지중해권 탈성장'(d croissance, decrescita)과 '영미권 탈성장'(degrowth)의 차이가 무엇인지 물었다. 팔란테는 "자세한 연구를 하지 않아서 확답은 드리기 어렵습니다만, 한 가지 뚜렷한 차이점은 말씀드릴 수 있습니다. 전자는 대중의 의식 변화를 매우 중요하게 여깁니다. 철학과 문화의 토양에서 출발하지요. 대중 교육이 무엇보다 중요합니다. 반면, 후자는 관료적이고 정책적입니다. '테크노크라트'가 중심이 되니, 아무래도 대중의 자발성을 기대하기 어려운 방식이지요. 학계의 연구와 담론, 정치권의 경제 정책, 경제계의 손익계산에 더 초점을 맞춥니다."

서유럽에서 등장한 "신新 탈성장"néo-décroissance은 탈성장의 논제를 아예 "지속 가능한 발전"과 같은 초국적 기업 친화적인 구호와 결부시키려 한다.117 탈성장의 "변칙 현상"이다.

우리는 포드, 록펠러, 타이드 재단이 세계 사회 포럼World Social Forum을 어떻게 퇴행시켰는지 잘 안다. 포럼 내에서 진보주의와 강경 투쟁 노선을 견지했던 조직들은 점차 주변으로 내몰리고, 외연 확장과 연합이라는 구실로 포럼의 색채를 흐리는 조직들이 혼합됐다. 기업에게 자금 지원을 받는 조직들은 특정 담론의 한계를 넘어서지 않거나 어떤 담론에 대해서는 아예 언급하지 않는다. 반대파를 후원함으로써 운동의 동력을 약화시키거나 방향을 비틀어 버리는 엘리트의 전략, 즉 "잠입, 매수, 무력화"filtrer, acheter, neutraliser라는 전략에 걸렸다.118 역자는 초국적 기업 의제에 충성하려는 탈성장의 변칙 현상을 보며, 현재의 탈성장 운동도 동일한 위기에 처했다고 생각한다.

라고 답했다.

117) Deny Bayon, "La néo-décroissance est 'en marche'", *La Décroissance,* No. 201, juillet-août 2023, p. 45.

118) 기업 엘리트의 세계 사회 포럼 약화 전략에 관하여 다음 자료를 참고하라. Michel Collon, *USA les 100 pires citations*, Bruxelles, Investig'Action, 2018, p. 60-61; Michel Chossudovsky, "Les fondations Rockefeller et Ford derrière le Forum social mondial. Quand le militarisme social est financé par des fondations privées", *mondialisation.* ca, 12 août 2016.

탈성장과 미래 교육

본서에서는 탈성장의 주요 과제로 교육학의 문제를 다룬다. 본서의 부제에서 볼 수 있듯이, 탈성장 교육의 관건은 미래 가치의 회복을 위한 균형과 자유에 대한 교육이다. 세계와 타자에 대한 환멸감으로 점철된 현 시대에 어떻게 하면 세계를 다시 살맛나는 공간으로 만들고 타자를 공존과 협력의 동료로 삼을 수 있을지를 스스로 찾는 교육의 필요성을 말한다. 성장을 위한 성장이라는 신화와 과학기술의 진보가 만사 해결책이라는 신화에 대한 "탈신화화" 교육이 필요하다. 효율성, 기능, 속도에 맞춰 생각하는 방식에서 가치, 조화, 상생을 숙고하는 방향으로 전환해야 한다.119 예컨대 차로車路의 확장은 원활한 차량 소통을 위한 효율적 방책이라는 통념에 머물지 않고, 아이들의 놀이 공간을 침범하고 보행자의 산책로를 뺏는 일이라는 시각을 배워야 한다.

탈성장의 선구자라 불리는 몇몇 사상가들은 이러한 의식의 전환에서 인간의 참된 자유, 자연과의 조화로운 삶, 타자들과 함

---

119) 이 점에서, 우리는 만물의 역사를 물고 뜯는 이리처럼 경쟁하며 진화하는 역사라기보다 서로 도우면서 진화해 온 역사로 보았던 표트르 A. 크로폿킨의 "상호부조론"(mutual aid)을 채택한다.

께 기쁨을 나누는 우정의 공동체를 구상했다. 예컨대 자끄 엘륄은 능력이 있으나 그 능력을 멋대로 쓰지 않고 절제할 수 있는 자율적 힘인 "비능력"la nonpuissance을 제시했고, 이반 일리치는 최선의 타락이 최악을 낳는다corruptio optimi quae est pessima는 옛 격언에 충실해 자기 스스로 한계를 설정할 줄 아는 자율적 주체의 지혜인 "자기 제한"l' autolimitation을 이야기했다. 또 코르넬리우스 카스토리아디스는 부조리한 경제에 저항할 수 있는 "민중의 상상계"를 복원해야 한다고 주장했다.

탈성장의 이러한 의식 전환 교육은 우리를 소비 중독 사회와 성장 종교의 미망에서 깨어나도록 하며, 무한 성장을 뒷받침하는 각종 담론에 제동을 걸도록 할 것이다. 욕망을 부추기는 물품 시장에 쉽게 빠지지 않고, 기술 제품의 안락함과 편리에 현혹되지 않으며, 진보가 약속하는 장밋빛 미래에 쉽게 설득되지 않을 것이다. 새로운 것에 "적응"하기 바쁜 삶에서 자신의 한계와 필요를 스스로 검증하고 정리하는 "자율적" 주체의 삶으로 이동할 것이다. 나아가 이러한 주체들은 세계 경영 일원화를 꾀하며 세계인의 생활을 획일적으로 바꾸는 "세계화 파시즘"에 고분고분하게 굴지 않을 것이다. 요컨대 성장과 발전 개념의 식민지가

된 우리의 상상계를 해방시키는 "상상계의 탈식민화"décoloniser l'imaginaire가 탈성장 교육의 핵심이다.120 우리의 미래는 이렇게 해방된 주체들에게 달렸다고 해도 과언이 아니다.

나가며

본 번역서는 2021년 이탈리아에서 출간된 『미래를 위한 탈성장 교육』Il tao della decrescita의 완역본이다. 거기에 라투슈의 글 두 편을 별도로 첨부했다. 저자의 사상을 이해하는 데 도움 되기를 바란다. 이 책이 탈성장의 교육 철학과 의미를 배우고 시대를 바라보는 안목을 키우는 데 기여할 수 있기를 바란다. 그러기에 역자의 능력이 미진하지 않았는지 자책해 본다. 본서를 번역하는 과정에서 이탈리아의 언어, 문화, 학계에 관련된 정보를 제공해 준 친구 안드레아Andrea에게 감사한다.

또 탈성장에 관한 탁월한 글과 강연으로 역자를 계몽시킨 마우리치오 팔란테Maurizio Pallante 선생에게도 감사한다. 도서출판 비공의 배용하 대표에게도 감사한다. 배 대표의 적극적인 의지와 독려로 말미암아 본서가 한국의 독자들 손에 들어갈 수 있었

---

120) Serge Latouche, *Décoloniser l'imaginaire*, Paris, Libre & Solidaire, 2023 [2004].

다. 마지막으로, 번역에 관련된 모든 오류는 역자의 몫이다. 독자들의 참여와 질정을 기다린다.

2023년 12월 15일

프랑스 스트라스부르

참고문헌

AILLON J.L. (2013), *La decrescita, i giovani e l' utopia. Comprendere le origini del disagio per riappropriarci del nostro futuro*, prefazione di Maurizio Pallante, Roma, Edizioni per la decrescita felice.

ANDERS G. (2007), L' uomo é antiquato, 2 voll., Torino, Bollati Boringhieri [ed. or., *Die Antiquiertheit des Menschen*, 1956].

ARENDT H. (1992), *Tra passato e futuro*, Milano, Garzanti [ed. or., *Between past and future*, New York, The Viking press, 1961]. 한나 아렌트, 『과거와 미래 사이: 정치사상에 관한 여덟 가지 철학연습』, 서유경 역, 푸른숲, 2005.

ARIÈS P. (1980), *L' uomo e la morte dal Medioevo a oggi*, Roma-Bari, Laterza [ed. or., *L' homme devant la mort*, Paris, Le Seuil, 1977].

_____ (1998), *Storia della morte in Occidente*, Milano, BUR [ed. or., *Essais sur l' histoire de la mort en Occident*, Paris, Le Seuil, 1975].

CASTORIADIS C. (2005), *Une société à la dérive. Entretiens et débats* (1974-1997), Paris, Le Seuil.

COMMISSIONE EUROPEA (1995), *Insegnare e apprendere. Verso una società conoscitiva*, Bruxelles, Libro bianco.

ELLUL J. (1988), *Le bluff technologique*, Paris, Hachette. 자끄 엘륄, 『기술담론의 허세』, 안성헌 역, 대장간, 2023.

FALETRA M. (2015), Graffiti. *Poetiche della rivolta*, Milano, Postmedia Books.

ILLICH I. (2008), *Pervertimento del cristianestimo. Conversazioni con David Cayley su vangelo, chiesa, modernità*, Macerata, Quodlibet [ed. or., *The corruption of christianity: Ivan Illich on gospel, church and society*, Toronto, CBC Ideas Transcripts, 2000].

_____ (2019), *Descloarizzazione la società. Una società senza scuola possibile?*, Milano, Mimesis [ed. or., *Deschooling society*, New York, Harper and Row, 1971]. 이반 일리치, 『학교 없는 사회: 타율적 관리를 넘어 자율적 공생으로』, 박홍규 역, 생각의나무, 2009.

_____ (2020), *Celebrare la consapevolezza. Appello a rivoluzionare le istituzioni. In Celebrare la consapervolezza, Opere complete*. Vol. 1, Vincenza, Neri Pozza [ed. or., *Celebration of awareness: A call of institutional revolution*, New York, Doubleday, 1970]. 이반 일리치, 『깨달음의 혁명』, 허택 역, 사월의책, 2018.

KLEIN N. (2008), *Schock enonomy. L'ascesa del capitalismo dei disastri*, Milano, BUR [ed. or., *The shock doctrine: The rise of disaster capitalism*, Toronto, Knopf Canada, 2007]. 나오미 클라인, 『자본주의는 어떻게 재난을 먹고 괴물이 되는가』, 김소희 역, 모비딕북스, 2021.

LANZA S. (2020), *Perdere tempo per educare. Educare all'utopia nell'epoca del digitale*, Roma, WriteUp.

LASCH C. e CASTORIADIS C. (2014), *La cultura dell'egoismo. L'anima umana sotto il capitalismo*, Milano, Elèuthera, postfazione di Jean Claude Michéa [ed. or., *La Culture de l'égoïsme*, Paris, Climats, 2012].

LATOUCHE S. (1992), *L'occidentalizzazione del mondo. Saggio sul significato, la portata e i limiti dell'uniformazione planetaria*, Torino, Bollati Boringhieri [ed. fr., *L'occidentalisation du monde. Essai sur la signification, la portée et les limites de l'uniformisation planétaire*, Paris, La Découverte, 1989].

_____ (1995), *La Megamacchina. Ragione tecnoscientifica, ragione eocnomica e mito del progresso*, Torino, Bollati Boringhieri [ed. fr., *La Mégamachine. Raison technoscientifique, raison économique et mythe du progrès*, Paris, La Découverte].

_____ (2000), *La sfida di Minerva. Razionalità occidentale e ragione mediterranea*, Torino, Bollati Boringhieri [ed. fr., *Le défi de Minerve. Rationalité occidentale et raison méditerranéenne*, Paris, La Découverte, 1999].

_____ (2001), *L' invenzione dell' economia. L' artificio culturale della naturalitá del mercato*, Bologna, Arianna Editrice; Torino, Bollati Boringhieri (riedizione 2005) [ed. fr., *L' invention de l' économie*, Paris, Albin Michel, 2005].

_____ (2002), *Il pensiero creativo contro l' economia dell' assurdo*, Bologna, Emi [ed. fr., *Décoloniser l' imaginaire. La pensée créative contre l' économie de l' absurde*, Lyon, Parangon, 2004 (nuova edizione 2011), Paris, Libre & Solidaire, 2023; rist. it., *Decolonizzare l' immaginario. Il pensiero creativo contro l' economia dell' assurdo*, Bologna, EMI, 2004].

_____ (2005), *Come sporavvivere allo sviluppo. Dalla decolonizzazione dell' immaginario economico all costruzione di una societá alternativa*, Torino, Bollati Boringhieri [ed. fr., *Survivre au développement. De la décolonisation de l'imaginaire économique à la construction d'une société alternative*, Paris, Les Éditions Mille et Une Nuits, 2004].

_____ (2007), *La scommessa della decrescita*, Feltrinelli, Milano [ed. fr., *Le pari de la décroissance*, Paris, Fayard, 2006].

_____ (2011), *Come si esce dalla societá dei consumi. Corsi e percorsi della decrescita*, Torino, Bollati Boringhieri [ed. fr., *Sortir de la société de consommation. Voix et voies de la décroissance*, Paris, Les liens qui lib rent, 2010].

_____ (2012), _Limite_, Torino, Bollari Boringhieri [ed. fr., _L'Âge des limites_, Paris, Les Éditions Mille et Une Nuits].

_____ (2013; 2015), _Usa e getta. Le follie dell'obsolescenza programmata_, Torino, Bollati Boringhieri [ed. fr., _Bon pour la casse. Les déraisons de l'obsolescence progammée_, Paris, Les liens qui lib rent, 2012]. 세르주 라투슈, 『낭비 사회를 넘어서: 계획적 진부화라는 광기에 관한 보고서』, 정기헌 역, 민음사, 2014.

_____ (2014a), _Cornelius Castoriadis. L'autonomia radicale_, Milano, Jaca Book [ed. fr., _Cornelius Castoriadis ou l'autonomie radicale_, Neuvy-en-Champagne, Le Passager Clandestin].

_____ (2014b), _L'economia è una menzogna. Come mi sono accorto che il mondo si stava scavando la fossa_, Torino, Bollati Boringhieri; [ed. fr., _Renverser nos manières de penser. Métanoïa pour le temps présent_, Paris, Les Éditions Millet et Une Nuits/Fayard].

_____ (2016a), _Baudrillard. O la sovversione attraverso l'ironia_, Millano, Jaca Book [ed. fr., _Jean Baurillard ou la subversion par l'ironie_, Neuvy-en-Champabne, Le Passager Clandestin].

_____ (2016b), _La decrescita prima della descrescita. Precursori e compagni di strada_, Torino, Bollati Boringhieri; ed. fr., _Les précurseurs de la décroissance. Une anthologie_, Neuvy-en-Champagne, Le Passager Clandestin.

_____ (2020a), _Come reincantare il mondo. La decrescita e il sacro_, Torino, Bollati Boringhieri [ed. fr., _Comment réenchanter le monde. La décroissance et le sacré_, Paris, Gallimard, 2019].

_____ (2020b), _L'abondance frugale comme art de vivre. Bonheure, gastronomie et décroissance_, Paris, Rivages.

_____ (2021), _Quel che resta di Baudrillard. Un'eredità senza eredi_, Toronto, Bollati Boringhieri [ed. fr., _Remember_

Baudrillard, Paris, Fayard, 2019].

LATOUCHE S. e FALETRA M. (2019), *Hyperpolis, architettura e capitale*, Milano, Meltemi.

LATOUCHE S. e HARPAGÈS D. (2011), *Il tempo della decrescita. Introduzione alla frugalità felice*, Milano, Elèuthera [ed. fr., *Le temps de la décroissance*, Paris, Le Bord de l'Eau].

LE CARRÉ J. (2003), *Amici assoluti*, Milano, Mondadori [ed. or., *Absolute friends*, London, Hodder and Stoughton].

LES ASSOCIÈS D'EIM (2004), *Les dirigeants face au changement. Baromètre 2004*, Paris, Huiti me Jour.

NEILL A. S. (2012), *I ragazzi felici di Summerhill. L'esperienza della scuola non repressiva più famosa al mondo*, Milano, Red Edizioni [ed. or., *Summerhill: A radical approach to child rearing*, New York, Hart, 1960].

PALLANTE M. (2007), *Un futuro senza luce? Come evitare I black out senza costruire nuove centrali*, Roma, Editori Riuniti.

POIRIER N. (a cura di) (2016), *Baudrillard, cet attracteur intellectuel étrange*, Paris, Le Bord de l'Eau.

RAHNEMA M. (2005), *Quando la povertá diventa miseria*, Torino, Einaudi [ed. or., *Quand la misère chasse la pauvreté*, Arles, Actes Sud, 2004].

ROSA H. (2015), *Accelerazione e alienazione. Per una teoria critica del tempo nella tarda modernità*, Torino, Einaudi [ed. or., *Alienation and acceleration: Towards a critical theory of late-modern temporality*, Malmö, NSU Press, 2010]. 하르트무트 로자, 『소외와 가속: 후기 근대 시간성 비판』, 김태희 역, 엘피, 2020.

SIRIGNANO F. M. (2012), *Pedagogia della decrescita. L'educazione sfida la globalizzazione*, Milano, FrancoAngeli.

TOTARO F. (2013), *Assoluto e relativo. L'essere e il suo accadere per noi*, Milano, Vita e Pensiero.

VIVRET P. (2004), *Reconsidérer la richesse*, La Tour d' Aigues, Éditions de l' Aube.

ZANOTELLI A. (2015), *Soldi e Vangelio*, Verona, EMI.